골프장에서 하는 유머

김이리 엮음

지식서관

머 리 말

 한국의 여자 골프 선수들이 미국 LPGA(프로골프협회) 대회에서 국위를 선양하면서 골프 붐을 일으킨 이후에 우리나라에서도 골프는 꽤 대중화가 되었다.

 골프 채널도 여러 개 생겨 골프를 좋아하는 시청자들의 하루 일과를 책임지고 있기도 하다.

 또한 요즈음에는 실내 스크린 골프가 많이 보급되어 감각은 다소 다르지만 저렴한 가격으로 18홀을 실전처럼 돌아 보기도 한다.

 이 책은 골프와 관련된 유머와 성인들을 위한 유머를 모아서 만들어졌다. 대부분의 골프 이야기는 남의 나라 것이지만 골프 마니아들에게는 그저 웃고만 넘길 일은 아니다. 자신도 그 중의 한 사람일지도 모르기 때문이다.

 골프장에서든 어디서든 늘 남을 웃길 거리를 준비하여 웃음을 자아내게 만드는 행동이야말로 남에게 행복을 선사하는 선행(善行)인 것이다.

차례

- 10 36홀을 돌았잖아요!
- 13 필수 복장
- 14 영악한 아내
- 15 진짜 골프광
- 17 화술 학원
- 19 웃기는 남자
- 20 유머 사자성어
- 22 유식한 할아버지
- 24 사오정, 머리를 쓰다
- 26 조폭과 영어
- 28 밥 얻으러 갔다가
- 30 조강지처
- 32 귀신 같군
- 34 시아버지의 걱정
- 35 영리한 딸아이
- 36 원 샷!
- 38 불행을 가져다 주는 사람
- 40 미개봉 반납
- 42 골퍼의 3대 쾌감
- 43 지꺼는 우짜고…
- 44 자동차와 골프는
- 45 골프 사자성어
- 46 골프 퀴즈
- 47 자리 바꾸자!
- 48 골프광과 개
- 50 그 돈은 바로
- 52 뛰는 놈 위에 나는 놈
- 53 경험에 따른 캐디 구별법
- 54 입이 무거운 여자
- 55 쬐끔 모자란 인간
- 56 노처녀의 소망
- 57 골프 최강자
- 58 평소의 버릇
- 61 구분하는 법
- 62 모범수의 기도
- 63 그럼 누구랑?

contents

- 64 부부 동반한 사오정
- 65 술에 취해서
- 66 자식들 얼굴 보는 방법
- 68 미국에 이민간 인도 힌두교인
- 69 알고 있나요?
- 70 형제들의 골프
- 71 사랑의 저축
- 72 두 번째
- 73 신랑은 골프광
- 74 여자와 수박
- 75 의리로 똘똘
- 76 조각상
- 78 바꿔서 한 번!
- 79 막상막하 부부
- 81 바지를 내릴걸
- 83 아까 했던 그대로
- 85 그건 괜찮아유
- 87 백수열전
- 89 바뀐 세상에서 보는 아들 딸
- 91 여자와 책의 공통점
- 92 여자와 무의 공통점
- 93 남편은 애물 덩어리
- 94 잊었던 첫 사랑이 주는 아픔
- 95 연령대에 따른 애인 버전
- 96 아내를 오리에 비유하면
- 97 매부에게 받으세요
- 99 밤에 치면 좋으련만
- 101 서로 통하는 점
- 103 오복남(五福男)과 오복녀(五福女)
- 104 걸린 사람만 억울
- 105 은퇴 후의 화려한 여정
- 108 장소가 문제
- 109 새 공 대신 헌 공
- 111 복잡한 가족 관계
- 112 처칠의 유머 감각 1

차례

- 113 처칠의 유머 감각 2
- 114 부창 부수!
- 115 엄마는 안됐다
- 116 영악한 아들
- 117 얌체의 생각
- 118 어떤 고해성사
- 121 노인장의 건강 관리법
- 123 눈만 좋아
- 125 절약하려면
- 126 나의 골프가 좀 달라졌나?
- 127 꼽냐?
- 129 틀니가 빠져서
- 130 어떤 후회
- 131 습관은 무서워
- 133 넌 왜 안 짖니?
- 134 남편이 손찌검을 하면
- 135 남편의 생일날
- 136 차라리 새 장가를
- 137 후회될 때
- 138 남편의 마음
- 139 복권 당첨이 주는 명암
- 141 두 신부의 여름 휴가
- 145 믿음의 한계
- 147 암탉 사정은…
- 148 평준화 시대
- 149 하늘의 별따기보다 힘든 것
- 150 선생님 시리즈
- 151 누룽지를 먹어서
- 154 마누라
- 156 10분이면 충분
- 158 개 아닌 분?
- 159 뛰는 놈 있으면 나는 놈 있다
- 161 그 시어머니와 그 며느리
- 162 이 집밖에 없어서
- 163 여자의 속마음
- 165 이장님의 아이디어

contents

166 아내와 남편
167 쌍둥이 형제
169 애인의 세대론
170 상상 초월 수준
171 테니스보다는 더
172 진짜 공처가
173 기분 좋은 이유
174 우정의 차이
175 명의(名醫)
176 그 때 잘 골랐어야지
179 해고 이유
180 못 말려
181 골프 치는 방법
183 신부와 강도
185 평생 빈 스윙만
187 나체 수영 금지
189 빵빵~!
193 천국에서의 골프 약속
195 골퍼의 단수
196 사기 골퍼의 비애
197 캐디의 욕설
199 한심한 친구들
201 이미 충분해
202 금슬 좋은 사오정 부부
203 골프 주기도문
205 남편의 정체
207 누구 때문?
209 자식 자랑
213 돌려 주지 마세요
215 어쩌구리~!
217 네 명의 캐디
219 노인의 조언
221 어두워서…
222 해고 이유

 36홀을 돌았잖아요!

골프에 정신을 온통 빼앗긴 한 남편이 골프백을 둘러메고 아침 일찍 집을 나서려 하자 아내가 단단히 일렀다.

"제발 오늘은 오후 5시까지 돌아와요. 친정아버지께서 들르시겠다고 했으니까요. 약속할 수 있어요?"

"걱정 마. 3시에 라운딩이 끝날 테니 5시까진 도착할게."

그러나 정확한 시간에 골프를 마치고 부리나케 집으로 향하던 남편은 도로변에서 차를 세워놓고 도움을 청하는 어여쁜 미녀를 도저히 외면할 수 없었다.

시간을 보니 5시까지는 아직 여유가 있었다. 자

칭 신사인 남편이 구슬땀을 흘리며 타이어를 교환해 주고 집으로 가려는 순간, 아가씨가 유혹의 손길을 뻗어오는 게 아닌가.

"너무 수고하셨는데 우리 집에서 차라도 한잔…. 저 혼자 살거든요."

결국 한 시간 이상을 달려 낯선 여자의 집에서 위스키를 한 병을 깨끗이 비울 때쯤에는 아내의 당부 따위는 까맣게 잊어버리고 말았다.

남편이 집의 현관문으로 들어선 것은 밤 9시.

장인은 이미 돌아가고 없었다. 화가 머리끝까지 치민 아내가 무섭게 그를 몰아세웠다.

"대체 이 시간까지 어디서 뭘 한 거예요, 엉?"

결혼 이후 단 한 번도 아내를 속이지 않고 살아

왔던 남편은 거짓말을 할 수 없었다.

"사실은, 골프 끝나고 집으로 오는 길에……."

길에서 만난 아가씨와 외도한 사실까지 몽땅 털어놓으며 용서를 빌었다.

"다시는 한눈팔지 않을 테니 용서해 줘…."

그러자 아내는 벼락같이 고함을 지르며 남편을 밖으로 내쫓았다.

"쯧, 이런 치사하고 비열한 인간 같으니라고! 이제는 거짓말까지 하는군. 36홀을 돌았다고 사실대로 고백했으면 용서할 수도 있었을 텐데…. 나가욧!"

필수 복장

 라커룸에서 이상한 여자 속옷을 걸치는 친구를 보고 당황한 동료 골퍼가 물었다.
 "거참 별일이군. 이봐, 자네는 왜 여자들이 입는 코르셋을 걸치나?"
 "골프를 칠 때는 항상 입고 있지."
 "언제부터 그런 괴상한 습관을 가지게 되었나?"
 "응, 마누라가 내 차 뒷자리에서 다른 여자의 코르셋을 발견한 뒤부터…. 골프를 칠 땐 꼭 필요한 복장이라고 말했단 말일세."

 # 영악한 아내

어느 날 부부가 애인들을 데리고 모텔에 갔다가 공교롭게도 복도에서 서로 마주쳤다.

당황한 남편은 어쩔 줄 몰라하며 말을 더듬었다.

"어! 어! 당신!! 아니…."

그러나 아내는 침착하게 옆의 애인을 향해 남편을 가리키며 소리쳤다.

"김 형사님! 저놈이요! 빨리 현장을 잡아요!"

남편은 정신없이 도망갔다가 나중에 일방적으로 이혼당하고 말았다.

진짜 골프광

 경관이 수려하기로 소문난 한 골프장에서 중년의 사나이가 혼자 라운딩을 하고 있었다.
 뒤따라가던 다음 팀의 골퍼들이 그에게 물었다.
 "이렇게 멋진 골프장에서 왜 동반자도 없이 쓸쓸하게 골프를 치십니까?"
 "네, 이 코스는 20년 동안 늘 아내와 함께 라운딩하던 곳이랍니다. 그런데 그 사람은 이제 이 세상 사람이 아니랍니다."
 추억에 잠기듯 그 사나이는 먼 하늘로 시선을 옮겼다.
 "아내와의 소중했던 추억을 간직하기 위해 혼자 라운딩하고 있습니다."
 사람들은 안타까운 마음에 다시 물었다.

"그래도 돌아가신 부인을 알고 있는 다른 분들과 함께 오셨으면 덜 외롭지 않았을까요?"
"저 역시 그러고 싶었지만….."
사나이가 침통한 표정으로 말을 이었다.
"…다른 사람들은 모두 제 아내의 장례식에 참석하느라고 올 수가 없다더군요."

화술 학원

여고 시절 라이벌 관계였던 동창생들이 길거리에서 만났다.

둘은 예전부터 사이가 좋지 않았다. 두 사람은 이야기하기 시작했다.

A : "우리 남편은 아주 자상해. 다이아몬드가 더러워지니까. 새 것으로 사 주더라."

그러자 친구가 말했다.

B : "어머, 아주 환상적이구나!"

A : "그뿐이 아냐. 우린 두 달에 한 번씩 외국 여행을 가기로 했어. 근데, 참 넌 요즘 뭐하고 지내니?"

B : "화술 학원 다니고 있어."

A : "화술 학원에서 무얼 배우니?"

B : "화술 학원에서는 '꼴값 떠내!' 라고 말 하는 대신 '아주 환상적이구나!' 라고 말하는 법을 배워."

웃기는 남자

50대 : 사업 한다고 대출받는 남자.
60대 : 이민 간다고 영어 배우는 남자.
70대 : 골프 안 맞는다고 레슨받는 남자.
80대 : 거시기 안 된다고 비아그라 먹는 남자.
90대 : 여기저기 아프다고 종합검진 받는 남자.

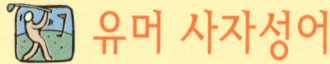
유머 사자성어

고진감래 고생을 진탕하고 나면 감기몸살 온다.
새옹지마 새처럼 옹졸하게 지랄하지 마라.
침소봉대 잠자리에서는 봉(?)이 대접을 받는다.
전라남도 홀딱 벗은 남자의 그림.
좌불안석 좌우지간에 불고기는 안심을 석쇠에 구워야 제 맛.
요조숙녀 요강에 조용히 앉아서 잠이 든 여자.
죽마고우 죽치고 마주 앉아 고스톱 치는 친구.
삼고초려 쓰리고를 할 때는 초단을 조심하라.
희로애락 희희 낙락 노닐다가 애 떨어질까 무섭다.
개인지도 개가 사람을 가르친다.
포복절도 도둑질(절도)을 잘 하려면 포복을 잘 해

야 한다.
구사일생 구차하게 사는 한 평생.
편집위원 편식과 집착은 위암의 원인이 된다.
임전무퇴 임금님 앞에서는 침을 뱉어선 안 된다.
군계일학 군대에서는 계급이 일단 학력보다 우선이다.

 유식한 할아버지

시골 한적한 길을 지나던 등산객이 길 옆에 있던 쪽문에 한문으로 '多不有時'라고 씌어 있는 것을 보았다.

"많을 多, 아닐 不, 있을 有, 시간 時?"

"시간은 있지만 많지 않다는 뜻인가? 누가 이렇게 심오한 뜻을 문에 적어 놨을까? 분명 학식이 풍부하고 인격이 고매하신 분일거야~. 도사 같은 그분을 만나 봐야지!"

등산객은 문 앞에서 문을 두드려 보았으나 안에서는 아무 소리도 들리지 않았다.

한참을 기다리니 옆집에서 러닝 셔츠 차림의 할아버지가 나오셨다.

"어이, 거기서 뭐하는 거야?"

"아, 네~ 여기 사시는 분을 좀 만나 뵈려고요."
"엥? 거긴 아무도 안 살아."
"네? 이 한자 성어를 적어 놓으신 분을 뵈러 했는데…."
"그거? 그건 내가 적은 거야."
"네? 그러세요? 뵙고 싶었는데요, 할아버님. 여기가 대체 무슨 문입니까?"
"여기? 별거 아니야, 화장실이야."
"네? 화장실이요? 여기가 화장실이라고요? 그럼 이 '多不有時' 글의 뜻은 뭡니까?"
"아, 이거…? 참내!"
"다불유시(WC)야, 다불유시(多不有時)! 젊은이는 그것도 몰라?"

 사오정, 머리를 쓰다

 칠흑같이 캄캄한 밤에 사오정이 급한 일로 택시를 타게 되었다.

 기분 좋게 택시를 불러 탄 것까진 좋았는데 목적지에 가까워질 무렵, 호주머니를 살펴보니 돈이 한 푼도 없는 것이 아닌가!!

 난감해진 오정이는 일단 담배를 한 대 피우면서 생각해 보기로 했다.

 그리고 기사의 의심을 피하기 위해서 이렇게 말했다.

 "아저씨, 잠깐만요! 저기 저 담배 가게 앞에서 차 좀 세워 주세요. 담배하고 성냥을 사 가지고 올게요. 그리고 조금 전에 차 바닥에 10만 원짜리 수표를 한 장 떨어뜨렸는데 어두워서 그런지 도

무지 못 찾겠네요."

그리고선 급히 담배 가게로 뛰어들어갔다.

담배를 사서 한 대 피우면서 잠시 고민하다가 뒤돌아 택시를 보니, 택시가 쏜살같이 어둠 속으로 사라지고 있었다.

 조폭과 영어

어느 조폭이 거만한 모습으로 버스 정거장에서 담배를 피우고 있었다.

그 때 조폭에게 어느 외국인이 다가와서 물었다.

"Where is the post office?" (우체국이 어디죠?)

순간적으로 당황한 조폭이 한마디를 툭 뱉고는 자리를 옮겼다.

그런데 외국인이 자꾸만 조폭을 따라왔다.

조폭이 뛰었다.

외국인도 따라서 뛰었다.

조폭이 버스를 탔다.

외국인도 따라서 버스를 탔다.

왜?

왜냐 하면 조폭이 내뱉은 한마디가 이랬기 때문

이다.

　"아이 씨팔로미!(I see, follow me, 내가 알아. 따라와.)"

 밥 얻으러 갔다가

며칠째 끼니를 굶고 있는 새끼들을 보다 못한 흥부는 할 수 없이 놀부 형네 집을 찾았다. 식은 밥술이라도 얻어 올 요량으로 깨진 쪽박을 들고 갔다.

마침 부엌 가마솥에서 김이 모락모락 올라오는 밥을 푸고 있는 형수의 뒷모습을 본 흥부는 몹시 배고픈데다 급히 뛰어온지라 숨이 거친 목소리로 인사를 건넸는데….

"형수님, 저 흥분데요…."

밥 푸기에 열중한 형수가 못 알아듣자 할 수 없이 큰 소리로 또 한 번,

"형수님, 저 흥분데요!"

그러자 화가 머리끝까지 치솟은 얼굴로 뒤돌아본 형수는 밥알이 잔뜩 묻은 밥주걱으로 흥부의 뺨

따귀를 후려치면서 소리를 질렀다.
 "아니, 이 후레자식 같으니라구! 뭐 형수 엉덩이를 보고 흥분된다고?"

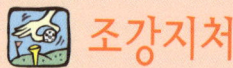 ## 조강지처

 아담한 시골 마을에 딸을 시집 보낸 60대 부부가 살고 있었다
 어느 날 부부는 싸움을 심하게 하여 급기야 할아버지가 할머니를 때려죽인다고 쫓아가고 할머니는 도망을 가고 있었다.
 하필이면 그 상황에 사위가 처갓집에 오는데, 장모가 논둑으로 뛰어가는 것을 보고 인사를 하였다. 조금 지나자, 이번에는 장인이 쫓아오기에 인사를 했지만 들은 척도 안 하며 사위한테 하는 말이,
 "자네! 그년 어디로 가는지 못 봤나?"
 사위의 대답,
 "그년! 저 쪽으로 가던데요!"
 사위가 가르쳐 준 대로 쫓아가다 생각을 해 보니

사위의 대답이 괘씸하기 짝이 없었다.

그래서 가다 말고 되돌아와서 사위에게 꾸중을 했다.

"이 사람아! 아무리 내가 그년 한다고 자네까지 그년이라고 할 수 있는가? 고얀놈 같으니라구!"

그렇게 해서 싸움은 그것으로 땡!

 # 귀신 같군

다정한 친구 3명이 오랜만에 만나서 맥주 한 잔 마시러 가자고 하였다.

맥주집에 도착해서 술이 거나하게 취하고 보니 이상한 장난을 하고 싶었다.

마침 옆에 앉아 있던 여자가 화장실을 다녀온다고 나갔다.

그러자 한 친구가 반쯤 남은 맥주병에다 오줌을 누어 가지고 흔들어서 마침 화장실에서 볼일을 다 보고 나온 여자한테 점잖게,

"아가씨, 맥주 한 잔 드시죠."

하자 여자가 꿀꺽꿀꺽 마시더니,

"사장님께서 지금 주신 맥주는 달아서 맛이 좋군요, 고맙습니다."

하면서 인사까지 하는 게 아닌가.

그러자 그 남자는 갑자기 얼굴이 사색이 되어 가지고 자리에서 일어났다.

옆에 있던 친구들이 함께 가자고 잡았지만,

"이보게들, 나 큰일이 생겼어. 나중에 만나세."

그는 친구들과 헤어져 잘 아는 병원에 가서 진찰을 해 보았다. 예감대로 당뇨병이었다.

"어떻게 당뇨병에 걸리신 줄 아셨습니까?"

의사가 묻자 그는 술집에서 있었던 이야기를 해 주었다. 그러자 그 의사가 하는 말,

"세상에 그 여자가 나보다 더 나은 의사군요."

시아버지의 걱정

TV에서 '아침 마당'을 하고 있었다.
오늘의 주제는 '건강 특집'이었다.
나이 드신 시아버지가 눈을 고정하고 진지하게 TV를 시청하고 계셨다. 그런데 점점 시아버지의 표정은 근심으로 얼룩져 갔다.
며느리가 조심스레 다가가 시아버지를 불렀다.
"아버님?"
그러자 시아버지는 걱정스럽게 말씀하셨다.
"내가 아무래도 지금 저기서 설명하는 병에 걸린 것 같구나."
"네?"
그 때 사회자의 목소리가 들렸다.
"네… 지금까지 '자궁암'에 대해 알아봤습니다."

영리한 딸아이

사오정이 해외에 파견 근무를 나갔다.
4살 난 사오정의 딸은 남동생이 있으면 좋겠다고 생각했다.
"좋은 생각이야. 엄마도 그랬으면 좋겠어. 그렇지만 아빠가 집에 오실 때까지 기다려야 하지 않겠니?"
엄마의 말에 아이는 더 좋은 아이디어를 짜냈다.
"아빠가 돌아왔을 때, 남동생을 보여서 깜짝 놀라게 해 드리도록 해요."

 원 샷!

장희빈이 인현왕후를 시해하려다 발각이 되어 숙종에게 사약을 받게 되었다.

장희빈은 억울한 마음에 사약 그릇을 들고 숙종에게 외쳤다.

장희빈이 사약을 보이며 물었다.

"이것이 진정 전하의 마음이시옵니까?"

이 말을 들은 숙종은 두 눈을 지그시 감고 한참을 생각하더니 말했다.

"나의 마음을 그 사약 그릇 밑에 간단하게 적어 놓았느니라."

한 가닥의 희망을 잡은 장희빈은 얼른 그릇 밑을 보았다

그 글자를 본 장희빈은 사약을 마시기도 전에 입

에 거품을 물고 죽어 버렸다.
 사약 그릇 밑에는 이렇게 적혀 있었다.
 "원샷~!".

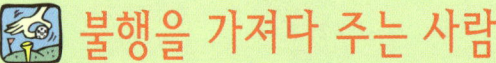 불행을 가져다 주는 사람

 남편이 극심한 심장 발작을 일으켜 혼수 상태에 빠진 몇 개월 동안, 그의 아내는 매일매일 정성껏 그를 간호했다.
 그러던 어느 날, 남편이 기적처럼 다시 제정신으로 돌아왔다.
 "여보, 이리 가까이 와 봐."
 아내가 침대 옆으로 가까이 오자 남편은 그녀에게 말하길,
 "당신, 알아? 당신은 내가 나쁜 일을 겪었을 때마다 내 곁에 있어 주었어. 내가 직장에서 해고 당했을 때, 당신은 나를 지원해 주었지. 내가 사업에 실패했을 때도 내 옆에 있어 주었고, 내가 총을 맞았을 때도, 그리고 우리가 집을 잃었을

때도 당신은 내 옆에 있어 주었어. 그리고 내가 이렇게 건강이 악화되었을 때도 당신은 여전히 내 옆에 있어 주었어. 그거 알아?"

"오, 여보, 새삼스럽게 무슨 말씀이세요. 당연한 도리죠."

남편의 그 한마디에 아내는 그 동안의 고생이 눈 녹듯 스르르 녹아 버렸다.

그 때 남편이 말을 이었다.

"그래서 말인데, 내 생각에 당신은 나한테 불행을 가져다 주는 것 같아."

 # 미개봉 반납

어느 산골에 할머니 한 분이 살고 계셨다.

할머니께서는 연로하셔서 오래 못 살 것 같다는 생각이 들자, 그녀는 장의사를 찾아가서 자신이 죽게 되면 묘비에,

'여자로 태어나 처녀로 살다 처녀로 죽다'

라고 적어 달라고 부탁했다.

그리고 며칠 후 그 할머니가 돌아가셨다.

장의사는 돌장이에게 전화를 걸어 '여자로 태어나 처녀로 살다 처녀로 죽다' 라고 할머니께서 일러준 대로 비문에 새겨 달라며 돌장이에게 그 내용을 불러 주었다.

그런데 돌장이가 무척 게으른 사람이라 미루고 미루다 보니 시간이 없었다.

 장의사가 불러준 대로 새기려니 비문이 너무 길어 퇴근은 늦어질 것 같아서 잔꾀를 냈다. 그리고 내용을 대폭 줄여 다섯 글자로 새겼다.
 과연 이 게으른 돌장이가 다섯 글자로 무어라 줄였을까? 답은,
 '미개봉 반납'

 골퍼의 3대 쾌감

1. 골프 끝나고 클럽하우스에 들어가는데 밖에서 비가 오기 시작할 때.
2. 골프장에 오갈 때 내 차로는 차가 잘 빠지는데 반대 차로가 꽉 막혀 있을 때.
3. 돌아올 때 신호대기 하면서 주머니에서 딴 돈 꺼내 헤아릴 때.

지꺼는 우짜고…

경상도가 고향인 젊은 부부가 서울에서 살았다.
하루는 일찍 일어난 고향 시어머니가 서울에 전화를 걸었는데 마침 며느리가 받았다.

시어머니 : 내다! 일어났나?
며느리 : 네~ 어무인교~!
시어머니 : 애비는?
며느리 : 어무이요, 애비는예 족구(足球)하러 갔심니더.
놀란 시어머니 : 야가 뭐라카노?
며느리 : 족구하러 갔다고요~.
시어머니 : 지랄한다. 지 꺼는 우짜고 아침부터 남의 좆 구하러 가노?

 # 자동차와 골프는

  1. 와이프에게 가르쳐 주려다 부부 사이에 금이 갈 공산이 크다.
  2. 주말에 나가면 항상 밀려서 기다리거나 천천히 갈 수밖에 없다.
  3. 중간에 휴대전화를 받다가 많이 망가진다.
  4. 해가 지면 라이트를 켜거나 중단하는 것이 현명하다.

골프 사자성어

1. 폼도 좋고 스코어도 좋으면 : 금상첨화
2. 폼은 좋은데 스코어가 나쁘면 : 유명무실
3. 폼은 나빠도 스코어가 좋으면 : 천만다행
4. 폼도 나쁘고 스코어도 나쁘면 : 설상가상

 골프 퀴즈

1. 연속적으로 보기만 하면? : 변태
2. 연속적으로 더블 보기만 하면? : 스와핑
3. 일주일에 골프 4회 나가면? : 주사파
4. 연속 파를 4개 하면? : 아우디
5. 연속 파를 5개 하면 : 올림픽
6. 통계학적으로 불교신자가 기독교인보다 골프를 못하는 이유? : 공이 절로 가서.

자리 바꾸자!

모녀가 영화관에 갔다.
한참 영화에 빠져 있는데 딸이 엄마의 귀에 대고 소곤거렸다.
"엄마, 아까부터 옆에 있는 남자가 자꾸 내 허벅지를 만져."
엄마도 조용히 딸에게 속삭였다.
"그래? 그럼 나랑 자리 바꾸자!"

 # 골프광과 개

골프광으로 소문난 중년 남자가 라운딩 도중 골프장 옆으로 지나가는 좀 이상한 장례 행렬을 목격했다.

검은 천으로 장식한 관을 앞세우고, 큰 개 한 마리와 함께 골프 복장을 한 백여 명의 남자들이 뒤를 따르고 있었다.

퍼팅을 하다 말고, 골프광은 큰 개를 데리고 가는 사람에게 물었다.

"보기 드문 장례식 같은데, 돌아가신 분과는 어떤 관계입니까?"

"제 마누라지요. 평소에 제가 골프 치는 걸 끔찍하게 싫어했어요. 필드에 나갈 때마다 얼마나 악담과 저주를 퍼부었는지 모른답니다."

"그런데 저 개는 왜 데리고 가십니까?"
"아, 네. 저 개가 마누라를 물어서 그만 마누라가 세상을 뜨게 됐답니다. 벌써 세 번째지요."
골프를 싫어하는 마누라 때문에 골치 아파하던 골프광이 반색을 하며 사내에게 말했다.
"저 개 좀 빌려 주실 수 없을까요?"
"안 될 건 없죠. 시간이 좀 걸리긴 하겠지만…. 저 줄을 선 사람들이 모두 개 빌려 갈 사람이니까 맨 뒤에 서서 따라오시구려."

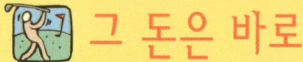# 그 돈은 바로

아내와 남편이 욕실에서 샤워를 하고 있는 도중에 '딩동~' 하고 초인종이 울렸다.

잠시 누가 가서 문을 열어 줄 것인지 옥신각신하다가 아내가 포기하고는 급히 타월을 몸에 두르고 아래층으로 내려갔다.

문을 열자 옆집 사람인 영구가 있었다.

여자가 뭐라 하기도 전에 영구가 말했다.

"100만 원을 줄 테니 몸에 두르고 있는 타월을 풀어 보세요."

잠깐 고민을 하던 여자는 타월을 풀고 영구에게 알몸을 보여 주었다.

잠깐 뒤에 영구는 여자에게 100만 원을 건네고는 돌아갔다.

여자는 어리둥절했지만 일단 횡재했다고 기뻐하며 다시 타월을 걸치고 2층으로 올라갔다.
욕실에 돌아가니 남편이 욕실 안에서 물었다.
"누구였지?"
"옆집에 사는 영구요."
"아, 그래? 나한테 빌린 돈 100만 원 가져왔어?"
"……!"

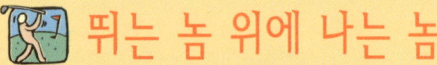# 뛰는 놈 위에 나는 놈

어느 사기 골프꾼이 먹이를 찾으려고 어슬렁거리다 캐디 대신 개를 끌고 골프를 하는 한 맹인을 발견했다.
바로 이것이라고 생각한 사기꾼,
"멋진 샷을 가지고 계시군요. 혼자 밋밋하게 이러지 말고 저랑 가볍게 내기 골프 한번 하시죠!"
그러자 맹인도 흔쾌히 승낙하는 것이었다.
"내일이 어떨까요?"
그러자 맹인이 고개를 끄덕이며 대답했다.
"시간은 제가 정해도 되죠?"
사기꾼이 그러라고 하자 맹인이 말했다.
"내일 자정에 합시다."

경험에 따른 캐디 구별법

1. 비기너 캐디 : 친절하고 공 찾는 데 헤매고 잘 뛴다.
2. 2개월 된 캐디 : 클럽을 두 개씩 갖다 준다.
3. 6개월 된 캐디 : 엉뚱한 공만 찾아다 준다.
4. 1년 된 캐디 : 먼 산 보면서도 공을 잘 찾고 거리도 정확하다.
5. 2년 된 캐디 : 가끔 손님 휴대전화를 쓴다.

 입이 무거운 여자

어떤 남자가 기분 좋게 한잔 하고는 밤늦게 귀가했다.

가정부가 하품을 하며 문을 열어 주더니 남자에게 속삭이듯 말했다.

"아저씨, 와이셔츠에 루즈 자국이 있잖아요. 어서 벗으세요."

"고마워, 큰일날 뻔했군. 아줌마에겐 절대 비밀이야. 알았지?"

그러자 가정부가 배시시 웃으면서 말했다.

"걱정 마세요. 제 입이 얼마나 무거운데요. 아줌마의 남자들 이야기를 한 번도 해 본 적이 없잖아요!"

쬐끔 모자란 인간

1. 복상사가 어디에 있는 절이냐고 묻는 인간.
2. 갈매기살을 먹으며 갈매기의 어느 부위냐고 묻는 인간.
3. 양곱창이 양고기라고 우기는 인간.
4. 낙성대가 서울대 근처에 있는 단과대학이라고 설명하는 인간.
5. 비자카드를 보고 그것으로 미국 갈 수 있느냐고 묻는 인간.

 # 노처녀의 소망

누드 캠프가 성행하기 시작했다.

그런데 캠프의 입소 자격 시험은 무척이나 까다로웠다.

그것은 본래의 취지와 다르게 엉뚱한 마음을 먹고 입소하려는 건달들이 있어서 그것을 가리기 위해 그런 것 같았다.

하루는 올드미스인 뚱보 여자가 지원을 해 왔다.

"아가씬 어떤 이유로 우리 누드 캠프에 입소하려는 것이죠?"

뚱보 여자는 심사 위원의 질문에 한동안 눈을 감고 생각하다가 천천히 입을 열었다.

"저더러 옷을 벗으라는 사람이 여기밖에 없어서요."

골프 최강자

한 사내가 혼자 골프를 치러 갔다.

1번 홀에서 강타로 첫 방을 날렸는데 그만 공이 덤불 속으로 들어가 버렸다.

공을 찾은 그는 두 나무 사이에 공을 날려 보낼 만한 공간을 발견했다.

3번 우드를 꺼내 또 한 번 힘껏 스윙을 했다.

그런데 나무에 맞은 공이 튀어서 그의 이마를 때리는 바람에 그만 숨을 거두고 말았다.

그가 천당 어귀로 다가가자 그를 본 수문장이 골프공에 맞고 들어온 사실에 어이가 없어 물었다.

"그대는 원래 골프를 잘 쳤었나?"

그러자 그가 말했다.

"단 두 방에 여기까지 온 걸 보면 모르겠소?"

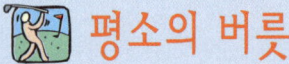 평소의 버릇

할아버지가 자식들이 시켜 주는 효도 관광을 떠나게 되었다.

생전 처음 비행기를 타 본 할아버지는 모든 것이 신기하기만 했다.

또 늘씬늘씬하고 친절한 스튜어디스들을 보고 있노라니 그저 흐뭇하기만 했다.

오랜 시간 동안 비행을 하던 할아버지는 깜빡 잠이 들었고, 잠시 후 잠에서 깨어 보니 옆에 앉은 사람들이 모두 커피를 마시고 있는 것이었다.

마침 목이 말랐던 할아버지가 옆에 앉은 할머니에게 말했다.

"저~ 커피, 어디서 시켜요?"

"커피유? 저그 있는 아가씨들이 그냥 먹으라고

줬어유~."

할머니의 대답을 들은 할아버지는 갑자기 화를 버럭 내면서 스튜어디스에게 다짜고짜 소리치기 시작했다.

"아니, 나만 빼놓고 커피를 돌려? 지금 사람 무시하는 거야?"

"죄송해요, 지금 드리면 되잖아요."

"당연하지! 그럼, 나 커피 두 잔 타다 줘!"

잠시 후 할아버지의 좌석으로 스튜어디스가 커피 두 잔을 타서 가져갔다.

스튜어디스가 웃으며 상냥하게 말했다.

"할아버지, 여기 커피 두 잔 있습니다. 그러니 화 푸세요~."

 그러자 할아버지는 스튜어디스를 흐뭇한 표정으로 위아래 훑어본 후 말했다.
 "그래~ 수고했어. 한 잔은 너 마셔."

구분하는 법

어떤 사람이 정신 병원 원장에게, 어떻게 정상인과 비정상인을 구별하느냐고 물었다.
"먼저 욕조에 물을 채우고 욕조를 비우도록 찻숟가락과 찻잔과 바께쓰를 줍니다."
"아하, 알겠습니다. 그러니까 정상적인 사람이라면 찻숟가락보다 큰 바께쓰를 택하겠군요?"
그러자 원장 왈,
"아닙니다, 정상적인 사람은 욕조 배수구 마개를 제거합니다."

 모범수의 기도

교도소에서 세 명의 모범수가 소원을 들어 달라고 하나님께 기도를 했다.
한 명은 여자를 달라고 했고, 또 한 명은 술을 달라고 했다.
마지막 한 명은 담배를 달라고 했다.
하나님은 이들의 소원을 모두 들어 주셨다.
그런데 3년 후 여자를 준 모범수는 정력이 딸려 죽었고, 술을 준 모범수는 알코올 중독이 되어 간이 부어 죽었다.
하지만 담배를 준 사람은 여전히 살아 있었다.
하나님이 어떻게 살아 있느냐고 물었다.
그러자 마지막 모범수가 말했다.
"라이터도 줘야 담배를 피우죠, 잉!"

그럼 누구랑?

한 여행사에서 항공기를 자주 이용하는 비지니스맨들을 위해 요금 할인을 실시했다.

부인과 함께 항공기를 탑승할 경우 부인의 요금을 절반으로 할인해 주는 것이었다.

많은 사람들이 이 요금 할인제를 이용했고, 몇 달 후에 여행사에서는 서비스 차원에서 각 가정으로 편지를 보냈다.

"남편과의 즐거운 여행이 되셨길 바랍니다. 앞으로도 자주 저희 여행사를 이용해 주십시오."

그리고 며칠이 지나서 여행사는 부인들로부터 온 답장으로 가득 차게 되었다.

"무슨 여행이요? 남편과 여행한 적이 없는데요."

 부부 동반한 사오정

오랜만에 부부 동반으로 고등 학교 동창회에 참석한 사오정.

모임 내내 아내를 "허니야", "자기야", "달링" 등 느끼한 말로 애정을 표현하였다.

보다 못한 친구들이 왜 짜증나게 그렇게 부르냐고 물었다.

그러자 사오정 왈….

"사실… 3년 전부터 아내의 이름이 기억이 안 난다네."

술에 취해서

술에 취한 두 사람이 함께 걷고 있었다.
한 주정꾼이 말하기를,
"멋진 밤이야, 저 달 좀 봐."
또 다른 주정꾼이 술 취한 친구를 쳐다보며 이렇게 말했다.
"네가 틀렸어. 달이 아냐, 그건 해야."
두 주정꾼의 말다툼은 시작되고 마침 지나가는 사람이 있어 그 사람에게 물어 보았다.
"저기 하늘에서 빛나고 있는 것이 달입니까, 해입니까?"
그러자 지나가는 사람 왈,
"미안합니다, 제가 이 동네에 살고 있지 않아서…."

처가 탓

한 내과 의사가 비정상적으로 얼굴이 붉어진 환자를 진료하고 있었다.
남자가 의사에게 말했다.
"선생님, 고혈압이죠? 제 가족에게 문제가 있거든요."
의사가 물었다.
"아버님 쪽? 아니면 어머님 쪽?"
"그 어느 쪽도 아니에요. 아내 쪽 가족 때문에 생겼어요."
의사가 말했다.
"고혈압은 유전적인 영향을 받습니다. 아내 쪽 때문에 고혈압이 생길 수는 없거든요."
그러자 남자는 한숨을 쉬며 말했다.

"당신이 그 쪽 가족들을 만나 봐요! 고혈압이 안 생길 수 있는지!"

미국에 이민간 인도 힌두교인

길거리에서 갑자기 협심증으로 통증을 느낀 힌두교인이 황급히 응급차를 불렀다.

그 환자는 워낙 종교에 심취해서인지 응급차 안에서 아픈 가슴을 움켜쥐면서도 Hari Om Hari Om…(하리 옴…)을 계속 읊었다.

병원에 가야 할 응급차가 집으로 온 것을 알고서는 놀란 아내가 황급히 뛰쳐나가서,

"왜 병원으로 가질 않았어요!"

하고 따졌더니 구급차 직원 왈,

"환자가 계속해서 집에 가자며 'Hurry Home, Hurry Home!' 하는데 병원으로 갈 수가 있어야지요."

알고 있나요?

　계룡산 깊은 산 속 혼외정사에는 결혼에 실패한 패륜스님이 살고 있었다고 하지 아마….
　지리산 깊지 않은 곳의 복상사라는 절에는 심장이 약한 절정스님이 열심히 운동하며 살고 있다. 혹시 운동하는 스님을 만나면 인사를 하도록!
　한라산에도 겁탈사라는 절에는 강간스님이 여신도를 기다리며 간절히 불공드리고 있다.
　설악산 중턱에 아뿔사라는 절이 있는데 그 곳의 조루스님은 늘 삼지구엽초(음양곽)를 찾아다니고 있다고 한다.
　또, 늘 고민에 빠져 있는 젊은 스님이 북한산에도 있었는데, 문전방사의 사정스님이 바로 그분이다.

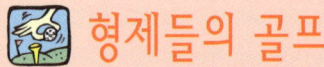 형제들의 골프

날씨도 화창한 어느 날 골프장에서의 일이다.

앞 조의 진행 속도가 너무 느리고, 게다가 골프를 매우 심각하게 치고 있었다.

마치 미국 프로 골프(PGA) 대회에서처럼 룰도 철저히 지키고 터치 플레이도 없고, 분위기도 매우 엄숙했다.

무슨 돈이 오가는 것도 아닌 것 같아 조심스럽게 다가가서 물었다.

"무슨 돈내기도 아닌 것 같은데 왜 그렇게 최선을 다해 신중하게 치십니까?"

그러자 일행 중 한 사람이 대답했다.

"말씀 마세요, 지금 형제끼리 치는데, 오늘 지는 사람이 앞으로 부모님을 모시기로 했거든요."

사랑의 저축

어떤 사나이가 사랑의 행위를 할 때마다 아내에게 천 원씩 건네 주며 저금통에 넣도록 했다.

그런데 하루는 마침 잔돈이 없어 아내의 저금통을 열어 보니 5천 원짜리, 만 원짜리가 수북이 쏟아져 나왔다.

놀란 남편이 아내에게,

"아니, 이게 어찌 된 일이지? 난 천 원씩밖에 안 줬는데…."

그러자 아내 왈,

"모든 남자가 당신처럼 인색한 줄 아세요?"

 두 번째

남편은 의사에게 전화를 걸었다.
"선생님, 얼른 와 주셔야겠어요. 집사람이 급성 맹장염인 것 같아요."
"그럴 리가요! 부인이 맹장이라면 5년 전에 분명히 내 손으로 도려냈는데…. 맹장염을 두 번씩이나 앓는 사람이 있다는 소리는 들어 보지 못했는데요."
의사가 이렇게 말하자 사내가 물었다.
"장가를 두 번 가는 사람이 있다는 얘기도 못 들어 보셨나요?"

신랑은 골프광

성당에서 결혼하는 신부가 복도를 걸어들어와 제단에 이르렀다.

그런데 신부가 고개를 든 순간 깜짝 놀라 어리둥절해했다. 신랑이 골프백을 옆에 끼고 서 있는 게 아닌가.

마침내 신부가 신랑에게 물었다.

"도대체 어쩌자고 결혼식장에 골프백을 가지고 온 거예요?"

신랑은 정색을 하고 신부를 보면서 대답했다.

"이거 하루 종일 걸릴 것 아니잖아?"

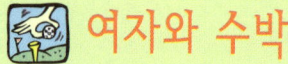 # 여자와 수박

만난 지 몇 개월 된 연인이 있었다.

그런데 진도를 좀더 나가고 싶은 남자는 어떻게든 여자와 밤을 보낼 연구에 골몰하였다.

하지만 여자는 결혼을 약속하기 전까지는 안 된다며 남자의 요구를 완강히 거절했다.

이에 심술이 난 남자가 여자에게 말했다.

"수박 한 통을 사더라도 잘 익었는지, 안 익었는지 먼저 따 보고 산다는 거 몰라?"

그러자 대꾸하는 여자 왈,

"그럼 한번 따 버린 수박은 아무도 안 산 다는 거 몰라요?"

의리로 똘똘

남편의 귀가 시간이 매일 늦어지는 것에 의심을 품은 아내가 있었다.

그 날도 역시 늦게까지 돌아오지 않자 참다못한 아내가 남편의 친한 다섯 친구에게 문자를 보냈다.

'남편이 돌아오지 않았는데 혹시 댁에 있는지요? 회신 좀 부탁드립니다.'

그 날 밤 똑같은 다섯 통의 회신이 왔다.

'지금 우리 집에 있음. 아무 걱정 하지 마세요.'

 # 조각상

 한 남자가 좋아하는 유부녀 집에 가서 침실로 향하고 있는데 초인종 소리가 울렸다.
 "이거 어쩌죠? 아마 우리 남편이 일찍 돌아왔나 봐요."
 "베란다에서 뛰어내릴까요?"
 "우리 집이 11층이란 것을 모르세요?"
 남자는 그 말에 옷을 주섬주섬 입으려고 했다.
 그러자 여자는 남자의 옷을 빼앗고는 온몸에 베이비오일을 바르고는 파우더를 칠해서 방구석에 서 있게 했다.
 그 모습이 마치 석고상 같았다.
 "됐어요, 이제 움직이면 안 돼요."
 남편이 들어왔다.

"이게 뭐지? "
"고등학교 동창생 영숙이네 집에 갔다가 침실에 있는 조각상이 맘에 들어 하나 사 온 거예요."
"흠…… 괜찮은데?"
남편은 더 이상 묻지 않았다.
그들 부부는 곧 잠을 청하러 침대로 갔다.
새벽녘에 남편이 일어나 목이 마른지 부엌으로 나갔다. 남편이 물 한 잔을 들고 들어와서 그 남자에게 건넸다.
그러면서 하는 말,
"자, 이거라도 한 잔 드슈. 나도 얼마 전에 영숙씨네 침실에서 당신처럼 서 있는데, 누가 물 한 잔 갖다 주는 사람 없습디다."

 바꿔서 한 번!

저녁이 되자 남편이 느끼한 유혹의 눈빛을 부인에게 보내며 한 마디,
"여보, 오늘은 우리 위치를 바꿔서 한번 해 보는 게 어떨까?"
그러자 부인이 반색을 하며,
"좋아요, 좋고말고요."
하며 대답했다.
"그럼 내가 소파에서 텔레비전이나 볼 테니까, 당신은 주방에 가서 설거지 다 하고 빨래하고 다리미질까지 하세요."

막상막하 부부

바람둥이 달호에게는 대학생 딸이 한 명 있었다.

하루는 딸이 흥분된 표정으로 뛰어오며 아버지인 영식에게 말했다.

"아빠! 멋진 소식이 있어요. 오늘 제가 철호씨에게 청혼을 받았어요!"

그 말을 들은 달호가 낮은 목소리로 조용히 딸에게 말했다.

"이건 비밀인데, 네 엄마와 결혼하기 전 철호 엄마를 사귄 적이 있다. 철호는 네 오빠야."

마음에 상처를 받은 딸은 한동안 남자 친구를 사귀지 못했다.

얼마 후, 딸은 다시 환한 얼굴로 아버지 영식에게 말했다.

"아빠! 이번에 새로 사귄 남자 친구 민호가 청혼을 했어요!"

이번에도 달호가 심각한 얼굴로 고개를 저으며 딸에게 말했다.

"안됐지만, 민호도 너의 오빠란다."

화가 난 딸은 엄마에게 달려가 하소연했다.

"아빠는 내가 사귀는 남자마다 모두 이복 오빠래요. 이럴 수 있어요?"

엄마는 딸을 진정시키며 말했다.

"얘야, 그 말에 너무 신경 쓰지 말아라. 그 사람은 네 아빠가 아니란다."

바지를 내릴걸

퇴직한 노신사가 사회보장 수당을 신청하려고 사회보장 사무소를 찾았다.

카운터에 앉아 있던 여직원이 그의 나이를 확인하려고 신분증 제시를 요구했다.

바지 주머니를 더듬던 노신사는 지갑을 집에 두고 온 것을 깨달았다.

그는 여직원에게, 깜빡 잊어버리고 지갑을 집에 두고 왔다고 말했다.

"집에 갔다가 다음에 다시 와야겠소."

그러자 여직원이 말했다.

"셔츠 단추 좀 풀어 보세요"

신사가 셔츠 단추를 풀고 곱슬곱슬한 은발의 가슴 털을 보여 주었다.

"가슴털이 은색이니 충분한 증거가 되네요."

여직원은 이렇게 말하면서 신사의 신청을 접수해 주었다.

집에 돌아온 신사는 아내에게 사회보장 사무소에서 있었던 일을 이야기했다.

그러자 아내가 아쉬워하며 하는 말,

"바지를 내리지 그랬어요. 그러면 분명 장애인 수당도 탈 수 있었을 텐데!"

아까 했던 그대로

두 친구가 각각 아내를 동반하고 한 팀을 이뤄 라운딩에 나섰다.

그 골프장의 레귤러 티는 레이디 티와 제법 멀리 떨어져 있었다.

한 친구가 드라이버 샷을 실수하는 바람에 볼이 레이디 티에 서 있던 한 여자의 머리 위로 아슬아슬하게 스쳐 지나갔다.

"이것 봐, 조심해서 스윙하게. 하마터면 내 마누라가 맞을 뻔했잖아."

"그래? 미안하게 됐네."

두 번째 친구의 차례가 되자 샷을 마친 친구가 말했다.

"어이, 저 쪽에 내 마누라가 서 있는 게 보이지?

아까 내가 했던 그대로 스윙 한번 해 주겠어? 좀 더 정확하게 말이야."

그건 괜찮아유

 어떤 젊고 예쁜 아가씨가 산길을 넘어 계곡을 지나고 있었다.
 작은 저수지가 보이자 아가씨는 문득 수영이 하고 싶어졌다.
 주위를 둘러보고 아무도 없음을 확인한 그녀는 옷을 하나씩 벗기 시작했다.
 마지막 옷까지 다 벗고 저수지에 막 들어가려는 순간, 수풀 속에서 숨어서 이를 지켜 보던 농부가 불쑥 튀어나오며 말했다.
 "아가씨, 여긴 수영이 금지돼 있슈!"
 그녀는 화들짝 놀라 옷으로 몸을 가리며 말했다.
 "아저씨, 그럼 옷 벗기 전에 미리 말씀해 주셨어야지요!"

그러자 농부가 말했다.
"옷 벗는 건 괜찮아유~."

백수 열전

1급: 화백(華白)

백수이긴 하지만 골프, 여행은 물론이고 애인과의 밀회도 즐기는 백수는 '화려한 백수'이다.

2급: 반백(半白)

골프, 여행이나 애인과의 밀회 중에서 한쪽만 하는 백수는 '반백(半白)'이다.

3급: 불백(불白)

집에서 칩거하고 있다가 누가 불러 주면 나가서 밥을 같이 먹거나, 어쩌다 자기가 친구를 불러 내어 자리를 마련하는 백수는 '불쌍한 백수'이다.

4급: 가백(家白)

주로 집에만 칩거하면서 손자·손녀나 봐 주고, 아내가 외출할 때 집 잘 보라고 당부하면 "잘 다녀오세요"라고 하는 가정에 충실(?)한 백수.

그런데 최근에 위의 4급 외에 새로이 등장한 새 급(5급)이 생겼으니, 이를 '마포불백'이라고 한다는데, '마누라도 포기한 불쌍한 백수'라는 뜻임.

바뀐 세상에서 보는 아들 딸

1. 아들은 사춘기가 되면 남남이 되고, 군대에 가면 손님, 장가 가면 사돈이 된다.

2. 아들을 낳으면 1촌, 대학 가면 4촌, 군대 다녀오면 8촌, 장가가면 사돈의 8촌, 애 낳으면 동포, 이민 가면 해외 동포.

3. 딸 둘에 아들 하나면 금메달, 딸만 둘이면 은메달, 딸 하나 아들 하나면 동메달, 아들 둘이면 목메달.

4. 장가간 아들은 희미한 옛 그림자, 며느리는 가까이 하기엔 너무 먼 당신, 딸은 아직도 그

대는 내 사랑.

5. 자식 모두 출가시키면 아들은 큰도둑, 며느리는 좀도둑, 딸은 예쁜 도둑.

여자와 책의 공통점

겉표지(얼굴)가 선택을 좌우한다. 그러나 정작 중요한 것은 내용이다.

내용(?)이 별로인 것들의 대부분은 겉포장(화장)에 무진장 신경 쓴다.

아무리 노력해도 이해되지 않는 구석이 있다.

세월이 지나면 색(色)이 바랜다.

파는 것과 팔지 않는 것이 있다.

가끔 잠자기 전에 펼쳐(?) 본다.

자기 수준에 맞는 것이 좋다.

한번 빠지면 무아지경에 이른다.

남에게 빌려 주지 않는 것이 좋다.

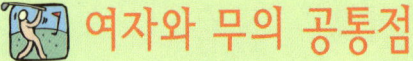 여자와 무의 공통점

겉만 봐선 잘 모른다.
바람이 들면 안 좋다.
물이 많고 싱싱해야 좋다.
공짜로 주면 더 좋다.
쭈글쭈글하면 안 좋다.
고추와 버무리면 좋다.

 남편은 애물 덩어리

집에 두고 오면………… 근심 덩어리
같이 나오면………… 짐 덩어리
혼자 내보내면………… 걱정 덩어리
마주 앉아 있으면………… 웬수 덩어리

 ## 잊었던 첫 사랑이 주는 아픔

잘 살면 ················· 배 아프고
못 살면 ················· 가슴 아프고
같이 살자고 하면 ······ 머리 아프고

연령대에 따른 애인 버전

30대에 애인이 없으면 : 1급 장애자
40대에 애인이 없으면 : 2급 장애자
그런데 50대에 애인이 있으면 : 가문의 영광
60대에 애인이 있으면 : 조상의 은덕
70대에 애인이 있으면 : 신의 은총

 아내를 오리에 비유하면

돈 버는 능력은 없지만 집에 틀어 앉아 살림은 잘 하는 전업 주부는 집오리.

전문직에 종사하며 안정적 수입이 있는 아내는 청둥오리.

부동산·주식투자 등으로 큰돈을 벌어오는 아내는 황금 알을 낳는 오리.

남편이 벌어다 주는 돈 다 쓰고도 모자라 돈 더 벌어오라고 호통만 치는 아내는 탐관오리.

모든 재산을 사이비 종교에 헌납한 아내는 주께 가오리.

돈 많이 드는 병에 걸리고도 명까지 긴 아내는 어찌하오리.

돈 많이 벌어 놓고 일찍 죽은 아내는 앗싸 가오리.

매부에게 받으세요

심장에 큰 탈이 난 사람이 절개 수술을 받았다.

수술에서 깨어나 보니 수녀들이 간병해 주는 가톨릭 병원이었다.

병이 나아가자 한 수녀가 치료비 지불에 관해 물었다.

그가 의료 보험에 가입하지 않은 사실을 알게 된 수녀는 은행 예금은 없냐고 물었다.

"은행에 맡긴 돈은 없어요."

그의 대답에 수녀가 다시 물었다.

"도움을 청할 만한 친척은 없으신가요?"

"친척이라고는 시집 못 간 누이 하나뿐인데 수녀랍니다."

그 말을 듣자 그 수녀는 역정을 내면서 언성을

높였다.
 "수녀는 시집 못 간 여자가 아니에요. 수녀는 하느님과 결혼한 여자들이란 말이에요."
 그러자 환자가 대답했다.
 "그럼 병원비는 내 매부에게 청구해 주세요."

밤에 치면 좋으련만

목사와 의사, 그리고 엔지니어가 골프를 치고 있었다.

그런데 그들 앞에 가는 팀의 속도가 너무 느려 전부 화가 나 있었다.

참다 못한 엔지니어가 캐디에게 말했다.

"도대체 저 사람들은 뭐하는 거야? 벌써 저 그린에서 15분이나 서 있잖아!"

"저 사람들은 눈이 먼 소방수들이에요. 작년에 우리 클럽하우스에 불이 났을 때 불을 끄다가 그만 실명을 했어요. 그래서 평생 회원으로 아무 때나 와서 쳐도 좋다고 했답니다. 아무리 느려도 다들 참고 가지요."

목사가 침묵을 깼다.

"참 안된 일이군. 오늘 집에 가서 그들을 위해 특별히 기도를 해야겠군."
의사도 거들었다.
"좋은 생각이야, 나도 안과 의사인 친구에게 그들에게 해 줄 수 있는 일이 없는지 진찰을 부탁해야겠어."
엔지니어가 잠시 생각한 후 말했다.
"그런데 저 사람들은 왜 밤에 안 치고 낮에 와서 치는 거야?"

 서로 통하는 점

교양 있는 척하는, 그야말로 올드미스 여자가 공식적인 파티 석상에서 플레이보이로 소문난 남자의 옆에 앉게 되었다.

그녀는 다소 냉소적이고 비꼬는 듯한 얘기를 몇 마디 나누고선 그를 향해 아주 냉담한 미소를 띠며 말했다.

"이봐요, 아무리 봐도 우리는 서로 통하는 게 전혀 없군요!"

그러자 플레이보이는 아무렇지도 않다는 듯 웃으며 물었다.

"전 그렇게 생각지 않는데요. 그럼 제가 한 가지 질문을 해도 될까요?"

"그러세요, 무슨 질문인데요?"

"만약에, 침대가 딱 두 개밖에 없는 방에서 하룻밤을 묵어야 하는데 한쪽에는 여자가, 다른 한쪽에는 남자가 누워 있다면 어느 쪽에 가서 주무시겠어요?"
여자는 아주 정색을 하면서 말했다.
"뭐예요? 당연히 여자랑 자죠!"
그녀의 대답에 남자가 아주 호탕하게 웃으며 말했다.
"하하하! 거 보세요, 우린 통하는 게 있다니까요! 저도 여자 쪽에서 잠을 잘 거니까요!"

오복남(五福男)과 오복녀(五福女)

오복남(五福男)
1. 건강해야 된다.
2. 돈이 있어야 된다.
3. 딸이 있어야 된다.
4. 친구가 있어야 된다.
5. 마누라가 있어야 된다.

오복녀(五福女)
1. 건강해야 된다.
2. 돈이 있어야 된다.
3. 딸이 있어야 된다.
4. 친구가 있어야 된다.
5. 남편이 없어야 된다.

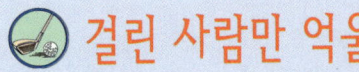# 걸린 사람만 억울

한 신사가 70마일로 차를 몰다가 교통 경찰관에게 걸렸다.

그 신사는 자기보다 더 속도를 내며 지나가는 다른 차들을 보고 자기만 적발된 것이 너무 억울하게 생각됐다.

그래서 몹시 못마땅한 눈으로 경찰관에게 대들었다.

"다른 차들도 다 속도위반인데 왜 나만 잡아요?"

경찰관이 물었다.

"선생, 낚시 해 봤어요?"

"낚시요? 물론이죠."

그러자 태연한 얼굴로 경찰관이 하는 말,

"그럼 댁은 낚시터에 있는 물고기를 몽땅 잡소?"

은퇴 후의 화려한 여정

반평생을 다니던 직장에서 은퇴한 나는 그 동안 소홀했던 자기 충전을 위해 대학원에 다니기 시작했다.

처음으로 나간 곳은 세계적인 명문인 하바드 대학원.

이름은 그럴싸하지만 국내에 있는 하바드 대학원은 하는 일도 없이 바쁘게 드나드는 곳이다.

하바드 대학원을 수료하고는 동경 대학원을 다녔다.

동네 경로당이라는 곳이다.

동경 대학원을 마치고 나니 방콕 대학원이 기다리고 있었다.

방에 콕 들어박혀 있는 것이다.

하바드→동경→방콕으로 갈수록 내려앉았지만 그래도 국제적으로 놀았다고 할 수 있는데, 그러는 사이 학위라고 할까 감투라고 할까 하는 것도 몇 개 얻었다.

처음 얻은 것은 화백→화려한 백수.

이쯤은 잘 알려진 것이지만 지금부터는 별로 알려지지 않은 것이다.

두 번째로는 장노다.

교회에 열심히 나가지도 않았는데 웬 장노냐고?

장기간 노는 사람을 장노라고 한다는군.

장노로 얼마간 있으니 목사가 되라는 것이다.

장노는 그렇다치고 목사라니!

목적 없이 사는 사람이 목사라네. 아멘!

　기독교 감투만 쓰면 종교적으로 편향되었다고 할까 봐 불교 감투도 하나 썼다.

　그럴 듯하게 '지공선사'.

　지하철 공짜로 타고 경로석에 정좌하여 눈감고 참선하니 지공선사 아닌가.

　나무관세음보살!

 # 장소가 문제

수영장에서 한 구조 대원이 소년에게 다가갔다.
구조 대원이 소년에게 타이르며 말했다.
"수영장에서 쉬야 하면 안 돼."
그러자 소년은 오히려 눈을 똘망똘망하게 뜨며 반박하는 것이었다.
"하지만 풀장에선 누구나 다 쉬야 하는데요?"
구조원이 소년의 머리에 꿀밤을 주며 하는 말,
"그렇겠지, 하지만 너처럼 다이빙대에서는 안 하잖아?"

 새 공 대신 헌 공

교황이 겨우 시간을 내어 간단히 9홀을 돌았는데, 7홀까지는 상당히 스코어가 좋았다.

7번 파3홀은 섬으로 된 그린에 홀이 있는 최악의 난코스였으므로 공을 잃어버릴까 봐 교황은 조심스럽게 티에다 타이틀리스트 최고급 새 공 대신 낡은 공을 올려놓았다.

그가 공을 칠 자세를 취하자 하늘에서 웅장한 목소리가 들렸다.

"티에다 새 공을 올려놓아라. 나를 믿어라."

그래서 교황은 새 공을 티에 올려놓았다. 그러자 그 목소리가 말했다.

"좋다, 이제는 뒤로 물러서서 스윙을 몇 번 해 보아라."

　교황은 시키는 대로 했다. 그러자 하늘의 목소리는 깊은 한숨을 쉬더니 말했다.
　"안 되겠다, 다시 헌 공을 올려놓아라."
　(교황의 스윙 솜씨가 형편없었던 모양)

 **복잡한 가족 관계**

어느 부부가 재혼한 지 5주년 되는 날, 온 가족이 함께 외식을 하기로 했다.

옷을 갈아입히려고 아이들 방에 들어간 엄마가 갑자기 뛰쳐나오며 아빠에게 소리를 질렀다.

"여보, 큰일났어요! 당신 아이들과 내 아이들이 우리 아이를 때리고 있어요!"

처칠의 유머 감각 1

윈스턴 처칠 전 영국 총리가 정계 은퇴 이후, 80세를 넘겨 한 파티에 참석했을 때의 일이다.

어느 부인이 반가움을 표시하면서 그에게 이런 짓궂은 질문을 했다.

"어머, 총리님. '남대문'이 열렸어요. 어떻게 해결하실 거지요?"

그러자 처칠은 이렇게 조크를 통해서 위기를 모면했을 뿐만 아니라 많은 사람들로 하여금 폭소를 자아내게 했다고 한다.

"굳이 해결하지 않아도 별 문제가 없을 겁니다. 이미 '죽은 새'는 새장 문이 열렸다고 밖으로 나올 수가 없으니까요."

처칠의 유머 감각 2

 처칠이 하원 의원에 처음 출마했을 때 상대 후보가 그를 맹렬하게 공격했다.
 "늦잠 자는 게으른 사람이 바로 처칠이오!"
 그러자 처칠은 전혀 동요하지 않고 대수롭지 않은 일처럼 이렇게 응수함으로써 그 선거에서 압도적인 표 차이로 당선되었다.
 "아마도 나처럼 예쁜 마누라를 데리고 산다면, 당신들도 일찍 일어날 수 없을 것입니다."

 **부창 부수!**

어느 날 오후 가정 주부인 김 여사는 그녀의 남편 친구와 자신의 집에서 함께 즐거운 시간을 보내고 있었다.

그 때 전화벨이 울리자 여자가 전화를 받았는데 별말 없이 끊었다.

그러자 남편 친구가 물었다.

"누구였어?"

여자가 대답하길….

"아! 그이예요. 걱정하지 말아요. 오늘 밤도 늦게 들어온대요."

"어디 간다고 하는데?"

그러자 여자가 웃으면서 하는 말,

"지금 당신과 함께 골프 치러 가는 중이라네요!"

엄마는 안됐다

　아주 비좁은 데서 살던 한 식구가 한결 큰 집으로 이사했다.
　동네 사람이 일곱 살 된 그 집 아이에게 새 집이 어떠냐고 물었다.
　"아주 마음에 들어요. 이젠 저도 방이 따로 있고 누나들도 둘 다 자기 방을 가지게 되었어요. 그렇지만 엄마는 안됐지 뭐예요. 아직도 아빠랑 한 방을 쓰고 있으니…."

 # 영악한 아들

"아빠, 만 원만 주세요."
"안 돼, 오늘은 돈 없어."
"아빠, 만 원만 주시면 오늘 아침에 우유 배달부 아저씨가 엄마보고 뭐라고 했는지 이야기해 줄게요."
그러자 다급해진 아빠는 아들에게 만 원을 건네며 말했다.
"뭐? 여기 있다. 얼른 말해 봐!"
아들은 냉큼 돈을 챙겨 도망가면서 말했다.
"아주머니, 오늘은 우유값 좀 주세요."

얌체의 생각

임산부 체조 학원에서 임산부들이 남편과 함께 체조를 하고 있었다.

강사가 임산부와 남편들에게 말했다.

"걷는 것도 산모에게 좋은 운동이 되지요. 남편들도 아내를 도와서 함께 걸으세요."

잠시 후 한 남자가 손을 들고 질문했다.

"저, 함께 걸을 때 아내가 골프채 가방을 들고 가는 것도 괜찮나요?"

 # 어떤 고해성사

한 신도가 고해성사를 하러 들어가서,
"신부님, 용서해 주십시오. 제가 오늘 죄를 졌습니다."
"무슨 일 때문이오?"
"오늘 입에 담지 못할 욕을 하고 말았습니다."
"그게 전부라면 마리아를 다섯 번 찬양하면 천주님이 죄를 사면하실 걸세."
"하지만 꼭 털어놓고 속죄를 하고 싶습니다."
"그래? 그럼 들어 볼까?"
신부는 들을 자세를 취하며 뒤로 기대고 앉았다.
"신부님, 오늘 골프를 치는데 첫 홀의 티에서 기분 좋게 한 방 날리려다 그만 엄청난 슬라이스가 나서 숲으로 들어가 버렸답니다."

"그래서 욕을 했구먼?"
"아닙니다, 신부님. 재수가 좋아서인지 볼은 금방 찾았고 치기 어려운 위치였지만 세컨 샷이 기가 막히게 나무 사이로 빠져 날아가서 그린 위의 좋은 위치에 사뿐히 올라갔답니다. 퍼팅하기도 좋은 자리였죠. 아, 그런데 갑자기 숲에서 다람쥐가 한 마리 쪼르르 달려 나오더니 내 볼을 물고 나무 위로 쏙 올라가 버리지 않겠습니까?"
"욕을 할 수밖에 없었겠구먼."
"아직 아닙니다요. 바로 그 때, 먹이를 노리고 있던 매가 다람쥐를 보더니 쏜살같이 날아 내려와 다람쥐를 발톱으로 채어 올라가니까 물고 있던 공이 떨어져 그린 위로 날아와 홀컵 한 뼘 옆으

로 굴러 왔습니다."
"그럼 다람쥐가 불쌍해서 욕을 했는가?"
"아닙니다, 신부님. 그게 아니라니까요."
그러자 신부가 큰 소리로 화를 냈다.
"이런 젠장할! 그럼 그걸 못 넣었단 말이야? 빌어먹을!"

노인장의 건강 관리법

바닷가 부근에서 사는 한 칠순 노인이 가벼운 심장병 증세가 있어 담당 의사로부터 체중을 줄이라는 경고를 받았다.

그런데 이 할아버지는 바닷가 해수욕장 백사장에 하루 종일 앉아 있기만 하는 게 아닌가.

하루는 여느 날과 마찬가지로 바닷가에 가만히 앉아 비키니 차림의 여자들을 정신없이 바라보고 있다가 친구와 마주쳤다.

"어허, 이 사람! 의사가 운동하라지 않았어? 자네는 운동을 해야 하는 걸로 알고 있는데…."

"맞아!"

"그런데 그렇게 하루 종일 퍼질러 앉아 여자들 몸매나 쳐다보면 되는감?"

그러자 할아버지가 정색을 하며 말했다.
"무슨 소린가? 난 요놈의 구경을 하려고 매일 십리 길을 걸어오는 거야."

눈만 좋아

 평생 캐디 없이 카트를 끌며 라운드를 해 온 골프광 존은 나이가 들면서 시력이 자꾸 떨어져 볼을 찾는 데 애를 먹었다.
 안과를 찾아가도 뚜렷한 대책을 찾지 못한 존은 클럽 헤드프로에게 고민을 털어놨다.
 곰곰이 생각하던 헤드프로는 시력만큼은 젊은이 못지않은 80세 회원을 소개해 주었다.
 존은 나이 차가 너무 많이 나 싫었지만 다음날 80세 회원과 라운드를 하게 되었다.
 볼을 분실할 염려는 없다며 마음껏 드라이브를 휘두른 존, "보셨지요?" 하고 물었다.
 그 노인은 자신 있게 "그럼." 하고 말했다.
 마음이 놓인 존이 웃으며 다시 물었다.

"어디 떨어졌어요?"
그러자 노인이 하는 말,
"응, 그런데 말이야, 그게 잘 기억이 안 나."

절약하려면

돈 많은 부부가 부족할 것 없이 다 누리며 아주 호화스럽게 살았다.

그런데 어느 날 30위 권 안의 대기업이 부도가 나는 바람에 보유하고 있던 대량의 주식은 휴지 조각이 되고 말았다.

그 날 밤 남편은 터덜터덜 집으로 돌아와서 부인한테 힘없이 말했다.

"여보, 나는 거지가 되었소. 당신도 이제 요리하는 법을 배우도록 해요. 아무래도 요리사를 내보내야겠소."

"좋아요, 요리사를 내보내겠어요. 하지만 당신도 잠자리 하는 법을 배우도록 해요. 그래야 운전사를 내보낼 수 있을 테니…."

나의 골프가 좀 달라졌나?

골퍼가 캐디에게 물었다.
"이봐, 나의 골프가 좀 나아지지 않았니?"
"많이 달라졌습니다."
흐뭇해진 골퍼.
"흠, 그렇지?"
"골프채가 지난번보다 반짝이는군요."

 꼽냐?

중년의 한 여인이 심장마비로 병원에 실려 갔다.

수술대 위에서 거의 죽음 직전에 이를 직전에 여인은 신을 만났다.

"이것으로 이제 끝입니까?"

여인의 물음에 신은 아니라고 하며, 그녀가 앞으로 30~40년은 더 살 것이라고 말했다.

병이 회복됨에 따라 그녀는 병원에 더 있으면서, 얼굴을 팽팽하게 하고 지방도 제거하고 가슴도 키우고 아랫배도 집어넣었다.

그녀는 사람을 불러 머리도 염색했다. 앞으로 30~40년은 더 살 것이니 이왕이면 예쁘게 사는 것이 좋지 않겠는가.

그녀는 마지막 수술이 끝나고 병원에서 나오다

가 달려오는 앰뷸런스에 치여 사망했다.

그녀는 신 앞에 서게 되자 억울해하며 물었다.

"제가 30~40년은 더 살 거라고 하셨잖아요?"

신이 대답했다.

"정도껏 뜯어고쳤어야지. 너를 못 알아봤다! 왜? 꼽냐?"

틀니가 빠져서

 시어머니와 며느리가 모두 과부인 종갓집에서 시어머니는 늘 며느리에게 말했다.
 "애야! 우린 어금니 꽉 깨물고 참기로 하자!'
 그러던 어느 날 시어머니 방에서 한 남자가 나오는 것을 본 며느리는 화가 나서 말했다.
 "어머니, 어금니를 꽉 깨물며 참자고 하시더니 어떻게 그러실 수 있어요?"
 그러자 시어머니가 미안해하며 대답했다.
 "아가야, 사실은 어제 틀니를 우물에 빠뜨려서 어금니를 깨물 수가 없었단다."

어떤 후회

소파에 앉아 한숨을 푹푹 쉬고 있는 남편을 보고 아내가 물었다.
"왜 그래요, 무슨 일이에요?"
그러자 남편은,
"우리가 연애할 때 당신 아버지가, 내게 만약 결혼하지 않으면 강간죄로 고소해서 20년을 옥살이시키겠다고 하신 말씀 기억나지?"
"그런데요, 왜요?"
남편이 하는 말,
"내가 잘못 생각했어. 그냥 감옥에 갔었더라면 오늘이 출감하는 날인데…."

습관은 무서워

부인은 말끝마다 "당신이 뭘 알아요?"라고 하며 시도 때도 없이 남편을 구박했다.

어느 날 병원에서 부인에게 전화가 왔다.

남편이 교통사고를 당해 중환자실에 있으니 빨리 오라는 연락이었다.

부인은 허겁지겁 병원으로 달려갔다.

그러나 병원에 도착했을 때는 이미 남편이 죽어서 하얀 천을 뒤집어쓰고 있었다.

허구한 날 남편을 구박했지만 막상 죽은 남편을 보니 그렇게 서러울 수가 없었다.

부인은 죽은 남편을 부여잡고 한없이 울었다.

부인이 한참을 그렇게 울고 있는데 남편이 슬그머니 얼굴을 덮은 천을 내리면서 말했다.

"여보, 나 아직 안 죽었소~~ㅋㅋㅋ!"
그러자 깜짝 놀란 부인은 울음을 뚝 그치면서 남편에게 버럭 소리를 질렀다.
"당신이 뭘 알아요? 의사가 죽었다는데!"

넌 왜 안 짖니?

앞집 수탉은 아침에 '꼬꼬댁' 하고 홰를 치고, 뒷집 진돗개는 외부 사람이 접근하면 짖어대는 게 일과였다.

그런데 언제부터인가 이상하게도 닭과 개는 조용하기만 했다. 하루는 개가 닭에게 물었다.

"넌 왜 새벽에 홰를 치지 않니?"

닭 가라사대,

"우리 집 아저씨가 백수 되었는디 새벽 잠을 깨워서 쓰겄냐? 넌 왜 요즈음 짖지 않고 조용한 기여? 요즘 그 흔한 성대 수술이라도 했냐?"

그러자 개가 대답했다.

"앞을 봐도 뒤를 봐도, 세상 천지에 모두 도둑놈들 판인데, 짖어 봐야 뭐하노? 내 입만 아프지."

남편이 손찌검을 하면

20대 : 울며불며 그런 사람인 줄 몰랐다고 친정으로 간다.
30대 : 더 이상 못 참겠다고 이혼하자고 한다.
40대 : 니가 뭐해 준 게 있어서 그러냐고 함께 때린다.
50대 : 돌이나 절구 들고 덤빈다.
60대 : 이판 사판, 합이 육판이다.

남편의 생일날

20대 : 남편을 위한 선물과 갖가지 이벤트를 준비한다.
30대 : 고급 레스토랑에 외식을 나간다.
40대 : 하루 종일 미역국만 먹인다.
50대 : 귀찮아하면서 며느리나 사위 불러 바가지를 씌운다.
60대 : 영감 혼자 두고 딸네 집으로 간다.

차라리 새 장가를

 못생긴 여자가 성형수술을 시켜 달라고 남편을 졸랐다.
 남편은 아내의 시달림에 견디지 못해 솜씨가 가장 좋다는 성형외과를 아내와 같이 찾아갔다.
 의사가 몇 시간에 걸쳐 아내의 수술 견적을 계산했다.
 한참 후 의사는 아내를 잠시 내보냈다.
 불안해진 남편이 물었다.
 '저… 견적이 어느 정도 나왔나요?'
 그러자 결심한 듯 의사가 남편에게 말했다.
 "기왕이면 수술비를 위자료로 쓰시고, 새 장가를 드시지요…."

후회될 때

1. 남자 친구에게 성형수술 했다고 고백했더니 돈 벌어서 다시 해 준다고 할 때.
2. 돈 들여 수술하고 나이트 클럽에 갔는데 '물 흐린다'고 쫓겨날 때.
3. 눈·코·입 모두 수술했는데 10년 만에 만난 친구가 나를 알아볼 때.

남편의 마음

한 아내가 남편의 마음을 떠보려고 가발과 진한 화장, 하늘하늘한 실크드레스로 차려입고 남편의 회사 앞으로 찾아갔다.

드디어!

남편이 걸어 나오는데, 아내는 그윽하고 섹시한 목소리로 남편에게 다가가 말을 건넸다.

"저기용~ 아자씨잉! 아자씨가 넘 멋져서 계속 뒤따라 왔걸랑요. 저와 오늘 밤 어때요? 첫눈에 당신을 사랑하게 된 것 같다고용~."

갖은 애교와 사랑스러운 말로 유혹을 하자 남편이 냉랭하게 하는 말,

"됐소! 댁은 내 마누라랑 너무 닮아서 재수 없어. 얼른 가 버리시오!"

복권 당첨이 주는 명암

어떤 여자가 편의점에 들러 복권 한 장을 달라고 했다.

계산을 한 다음 복권을 긁어 보니, 5억 원짜리에 당첨이 된 게 아닌가!

그녀는 바로 차에 올라타 남편을 만나기 위해 집으로 향했다.

여자는 몹시 흥분해서는 문을 박차고 들어가 남편에게 말했다.

"여보, 어서 가방 싸세요. 5억 원짜리 복권에 당첨이 됐어요!"

2층에서 이 소리를 들은 남편이 말했다.

"정말? 믿기지 않는군. 짐은 어떻게 챙길까? 해변용으로, 아님 등산용으로?"

그러나 여자가 받아쳤다.

"제기랄, 알아서 싸란 말이야. 그리고 당장 여기서 꺼져!"

두 신부의 여름 휴가

  2명의 신부님이 하와이로 휴가를 갔다.
  두 신부님은 이번 휴가에는 성직자 복장, 표시는 물론 내색도 하지 않고 신분을 완전히 감추고 완전한 휴가를 즐기기로 하였다.
  비행기가 하와이에 도착하자마자 그들은 상점으로 가서 멋진 반바지·셔츠·샌들·선글라스 등을 구입했다.
  다음 날 아침 그들은 해변으로 가서 여행자 복장으로 해변 의자에 앉아 술과 햇볕과 경치를 즐기고 있었다.
  그 때 기가 막힐 정도로 매력적인 블론드 아가씨가 조그만 비키니를 입은 채 그들에게 다가왔다. 그들은 그 아가씨에게서 눈을 뗄 수가 없었다.

그 아가씨가 친구들과 함께 그들을 지나가면서 미소 지으며 말했다.

"안녕하세요, 신부님."

"안녕하세요, 신부님."

두 신부님은 너무 놀랐다.

"그 아가씨들이 우리가 신부라는 걸 어떻게 알았을까요?"

다음 날 그들은 다시 상점으로 가서 더 멋진 옷을 구입했다.

"하하, 이제는 옷이 너무 야해서 전혀 못 알아볼 거요."

그리곤 다시 해변 의자에 앉아 햇볕을 즐겼다.

잠시 후 어제 본 블론드 아가씨가 이번에도 비키

니를 입고 다시 그들 쪽으로 걸어오고 있었다. 그 모습이 너무 민망했으나 선글라스를 끼고 있어 표정을 감출 수 있어 다행이었다.

이번에도, 그 아가씨는 다시 다가와서는 개별적으로 인사했다.

"안녕하세요, 신부님."

"안녕하세요, 신부님."

아가씨가 돌아서려는 찰나 신부님 중 한 명이 참지 못하고 물었다.

"잠깐만요, 아가씨. 그래요, 우리들은 신부가 맞습니다. 그런데 아가씨는 우리가 신부라는 걸 도대체 어떻게 아시죠?"

그러자 아가씨가 함박웃음을 지으며 말하는 것

이었다.

"아니 신부님, 저를 정말 모르시겠어요? 전 안젤라 수녀예요!"

믿음의 한계

서로 적대 관계에 있는 종교를 가진 어느 부부가 있었다.

어느 날 부인이 파랗게 질린 얼굴로 자기가 다니는 성당의 신부에게 상담을 했다.

"신부님, 정말 무서워 죽겠어요. 제가 계속 성당에 나가면 남편이 저를 죽이겠답니다. 어떻게 하면 좋을까요?"

"가엾게도 그런 일이 있었군요. 내가 계속 기도를 하겠습니다. 믿음을 가지세요. 하느님이 당신을 지켜 주실 겁니다."

며칠이 지나 그 부인이 다시 찾아왔다.

"신부님, 그런데…."

"또 무슨 문제가 있나요?"

"어제는 남편이 다른 말을 했어요. 제가 만약 계속 성당에 다닌다면 신부님을 죽이겠다고요."
신부의 안색이 확 변하였다.
"네? 흠… 그렇다면 이제 결심을 해야 할 때가 됐군요. 마을 저 편에 있는 다른 성당으로 다니시지요, 헛!"

암탉 사정은…

도시 생활에 염증을 느낀 두 노처녀가 돈을 모아 양계장을 차리기로 했다.

한적한 시골에 계사를 마련한 그녀들은 닭을 사러 갔다.

"양계장을 차리려고 합니다. 암탉 300마리와 수탉 300마리를 주세요."

닭 장수는 그녀들을 이해할 수가 없었다. 하지만 그는 착한 사람이었으므로 솔직하게 말했다.

"암탉 300마리는 필요하겠지만, 수탉은 두세 마리면 족할 텐데요?"

그러자 노처녀들은 정색하며 동시에 말했다.

"하지만 우리는 짝 없이 산다는 게 얼마나 슬픈 일인지 알고 있거든요."

 평준화 시대

40대 : **지식의 평준화**(학벌이 높든 낮든, 많이 알든 모르든, 좋은 학교 나왔건 안 나왔건 상관없음)

50대 : **미모의 평준화**(옛날에 예뻤든 안 예뻤든 별 차이 없음)

60대 : **성의 평준화**(옛날에 정력이 셌든 안 셌든 차이 없음)

70대 : **재산의 평준화**(재산이 많으면 어떻고 없으면 어떠리)

80대 : **생사의 평준화**(죽은 사람이든 산 사람이든 큰 의미 없음)

하늘의 별따기보다 힘든 것

앙드레 김에게 ············ 검은 옷 입히기
중 머리에 ················ 꽃핀 꽂기
장가 간 아들 ············· 내 편 만들기
펀드에 맡긴 돈 ··········· 원금 되찾기

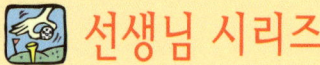
선생님 시리즈

20대 선생님················어려운 것만 가르친다.
30대 선생님················중요한 것만 가르친다.
40대 선생님················이론(원칙)만 가르친다.
50대 선생님················아는 것만 가르친다.

누룽지를 먹어서

어떤 총각 둘이서 친하게 지냈다.

그런데 한 친구가 웬일인지 기운 없는 목소리로 이렇게 말했다.

"야, 나 기운 없어 죽겠다."

"젊은 녀석이 만나기만 하면 그런 소리나 해대고, 안됐다. 대체 왜 그래?"

"너도 내 입장이 되어 봐라. 너야 부모님 밑에서 잘 먹고 지내지만 나야 어디 그러냐? 아버지 어머니 다 돌아가시고 형수 밑에서 얻어먹는데."

"형수가 굶기기라도 해?"

"굶기기야 하겠냐? 밥을 준다는 게 만날 눌은밥이야. 이젠 누룽지만 보면 신물이 나."

그 말을 들은 친구는 가만히 생각하더니 좋은 꾀

를 하나 냈다.

"좋아, 내가 너 누룽지 안 먹게 해 주마. 좋은 수가 있어."

"어쩌려고?"

"아무 생각 말고 내일 아침 내가 갈 테니까 미리 변소에 가서 쭈그리고 앉아 있기나 해라. 그리고 내가 묻는 말에 시키는 대로 대답이나 하면 돼."

친구는 이렇게 저렇게 하라고 일러준 후에 돌아갔다.

다음 날 그 친구가 찾아왔다.

"아주머니, 안녕하십니까? 그런데 얘는 어디 갔습니까?"

"도련님은 변소에 가셨는데 좀 기다리시지요."

"아닙니다, 제가 볼 일이 좀 급해서요. 거기 가서 이야기하면 되겠네요."
친구는 변소 앞에 가서 큰 소리로 이야기했다.
"야, 너 물건 한번 되게 크다. 요새 무얼 먹는데 그래?"
"맨날 누룽지지 뭐."
"야, 너 누룽지 한 해 먹고 이렇게 커졌으니, 한 해만 더 먹으면 방망이만하겠다."
형수는 부엌에서 밥하다 말고 이 말을 다 들었다. 그리고 그 이후부터 다시는 시동생에게 누룽지를 주지 않았다.
그 좋은 누룽지는 매일매일 형님의 차지가 되고 말았다.

 ## 마누라

오랜 세월을 함께 한 부부가 예루살렘으로 여행을 떠났다.

그들이 예루살렘에 머무는 동안 부인이 갑자기 세상을 떠나 버렸다.

장의사가 남편에게 말했다.

"당신 부인을 고국으로 운구하는 데 5천 달러나 듭니다. 그러나 당신이 신성한 이 땅에 부인을 묻으시겠다면 150달러만 있으면 됩니다."

남편은 한참을 생각하더니 장의사에게 부인을 고국으로 운구해 달라고 말했다.

장의사는 너무 이상해서 남편에게 물었다.

"당신은 왜 부인을 운구하는 데 5천 달러나 쓰시나요? 이 성스러운 땅에 묻으면 150달러만 있으

면 되는데….”
그러자 남편은 심각하게 말했다.
"예전에 예수님이 세상을 떠나 이 땅에 묻혔는데 3일 후에 살아 돌아오셨습니다. 저는 그런 일을 당하고 싶지 않아서 그럽니다."

 # 10분이면 충분

남편은 방송국 PD로, 아내는 간호사로 근무하는 맞벌이 부부가 있었다.

서로 바쁜 생활 때문에 이 부부는 아이를 낳을 엄두조차 내지 못하고 있었다.

그 날 아내는 병원에서 할머니 한 분을 간호하고 있었는데 그 할머니가 아내에게 이것저것 물어 보았다.

"아니, 간호사 선생은 결혼을 했으면서도 왜 아이가 없는 거야?"

하고 할머니는 따지듯이 말했다.

아내는 할머니에게 이렇게 이야기했다.

"맞벌이를 해서요. 정말 시간이 없어요."

그러자 할머니는 이해할 수 없다는 표정으로 중

얼거렸다.

"아니, 아무리 바빠도 그렇지. 10분이면 되는 걸 가지고."

 개 아닌 분?

유난히 개고기를 좋아하는 사람 다섯 명이 보신탕을 잘 한다는 집에 갔다.

주문받는 아줌마가 와서는 사람을 하나씩 세면서 말했다.

"하나 둘 셋… 전부 다 개죠?"

그러자 다섯 명 모두 고개를 끄덕이며 말했다.

"네."

다음 날 다시 삼계탕과 보신탕을 같이 하는 집에 간 손님들에게 주인이 주문을 받으면서 이렇게 말했다.

"개 아닌 분 손들어 보세요!"

뛰는 놈 있으면 나는 놈 있다

한 골동품 장사가 시골의 어느 식당에서 식사를 하게 되었다.

식사 도중에 가만히 보니까 문간에서 개가 밥을 먹고 있는데 그 밥그릇이 아주 값나가는 귀한 골동품이었다.

그래서 그것을 사기로 마음먹었다. 하지만 밥그릇을 사자고 하면 팔지 않을 것 같아 일단 개를 사자고 주인에게 흥정했다.

별볼일 없는 개를 후하게 10만 원을 주겠다고 하니 주인이 기꺼이 그러자고 했다.

그렇게 해서 개를 샀다. 이제 밥그릇만 손에 넣으면 된다.

"주인장, 그 개 밥그릇까지 끼워서 삽시다."

그러자 주인이 하는 말이 참으로 재미있습니다.
"안 됩니다, 그 밥그릇 때문에 개를 백 마리도 더 팔았는데요."

그 시어머니와 그 며느리

시어머니가 신혼 여행에서 돌아온 며느리를 불러 놓고 이렇게 말했다.
"나는 길게 말하는 거 안 좋아한다. 그러니 손가락을 까닥 하면 오라는 신호니 그리 알고 재빨리 뛰어오너라."
그러자 며느리가 하는 말,
"저도 긴 말 하는 거 안 좋아하는데요, 제가 고개를 가로로 흔들면 못 간다는 신호이니까 그리 아세요."

 이 집밖에 없어서

날마다 자정이 넘어서 새벽 3시쯤에야 들어오는 남편을 보다 못한 부인이 바가지를 긁기 시작했다.

아무리 화내고 앙탈을 부려도 묵묵무답인 남편이 더욱 보기가 싫어 부인이 소리를 질렀다.

"당신, 정말로 해도 너무 하는 것 아니에요? 왜 거의 매일, 새벽 3시에야 들어오는 거예요?"

그러자 묵묵히 듣고 있던 남편이 퉁명스럽게 한마디 하는 것이었다.

"이 시간에 문 여는 집, 이 집밖에 더 있어? 있으면 가르쳐 줘. 그래서 3시에 들어온다, 왜?"

여자의 속마음

옛날 어느 곳에서 어떤 부인이 남편을 여의고 슬픔에 젖어 남의 이목을 생각지 않고 관에 매달려 통곡을 하였다.

"여보, 저를 두고 가시다니 웬말이에요? 저도 당신을 따라갈 테니 저를 데려가 줘요!"

그녀는 관을 얼싸안고 몸부림을 치며 자기도 데려가 달라고 넋두리를 했다.

그러다 그만 관 뚜껑 사이에 그녀의 머리카락이 끼이고 말았다.

그녀는 그것도 모르고 함께 죽겠다고 소란을 떨었다.

한참 후에 고개를 들던 그녀는 머리카락이 끼여 꼼짝할 수 없었다. 깜짝 놀란 부인은 관 속의 남편

이 머리카락을 움켜쥔 걸로 착각하고 기겁하며 이렇게 소리쳤다.
 "여보, 저 안 갈래요. 놓아 줘요. 가고 싶지 않다고요!"

 이장님의 아이디어

 도로 옆에 인접한 농촌 마을의 이장님이 무서운 속도로 질주하는 자동차들 때문에 골머리를 앓고 있었다. 도로를 가로질러 논밭에 일하러 가는 마을 사람들이 너무 위험도 하거니와 소음 때문에 기르는 가축들도 제대로 자라지 않아서 마을 이장으로서의 고충이 이만저만이 아니었다.
 며칠을 고민하다가 마을 앞 도로가에 눈에 확 띌 정도로 큼직한 표지판을 설치해 놓았다.
 그러자 즉시 효과가 나타나기 시작한 것은 물론, 아예 차들이 거북이 기어가듯 속도를 낮추었다.
 표지판에는 쓰여 있는 글귀는···.
 '나체촌 길목! 차 안에서도 볼 수 있음!'

 아내와 남편

부부가 외출을 했는데 앞서 가던 남편이 그만 무단 횡단을 했다.

깜짝 놀란 트럭 운전사가 남편에게 고래고래 소리를 질렀다.

"이 바보 멍청이, 얼간이 머저리야! 길 좀 똑바로 건너!"

이 말을 들은 아내가 남편에게 물었다.

"당신 아는 사람이에요?"

"아니."

"그런데 당신에 대해 어쩜 그렇게 잘 알아요?"

쌍둥이 형제

 포장 마차에서 어떤 남자가 술이 거나하게 취하도록 마시고 있었다.
 취기가 잔뜩 오른 남자는 옆자리에 있던 남자에게 말을 걸었다.
 "딸꾹! 안녕하쇼. 우리 같이 한잔 합시다!"
 "그럽시다."
 두 사람은 뜻이 척척 맞았다.
 "고향이 어딥니까?"
 "부산인데… 당신은요?"
 "아이고, 이런! 고향 사람이네. 나도 부산이오, 반갑네. 그래 부산 어데 살았능교?"
 "영도요. 당신은 어데요?"
 "아이고, 이런 일이! 나도 영도요! 이런 일이 있

나, 세상에!"

"나는 75년에 동고 초등 학교 졸업했는데… 당신은?"

"아이고, 이런 일이! 나도 75년 동고 초등 학교 나왔어요! 아이고마, 한잔 받으소!"

그러자 그걸 보고 있던 포장 마차 주인 아줌마, 한마디 거들고 나서는 게 아닌가!

"으이그, 지겨워라! 이 쌍둥이 양반들, 또 취했군, 또 취했어!"

애인의 세대론

10대가 애인이 있으면 　엉덩이에 뿔난 사람.
20대가 애인이 있으면 　당연지사.
30대가 애인이 있으면 　집안 말아먹을 사람.
40대가 애인이 있으면 　가문 망칠 사람.
50대가 애인이 있으면 　축복받을 사람.
60대가 애인이 있으면 　표창받을 할아버지 할머니.
70대가 애인이 있으면 　신의 은총을 받을 할아버지 할머니.
80대가 애인이 있으면 　천국 갈 할아버지 할머니.
90대가 애인이 있으면 　지상에서 영생할 할아버지 할머니.

상상 초월 수준

친한 친구인 존이 풀이 잔뜩 죽은 얼굴로 잭을 찾아왔다.
"글쎄, 내 마누라가 골프와 자신, 둘 중에 한 가지만 선택하라고 하는데 어떻게 해야 할지 모르겠네."
잭이 안됐다는 듯이 혀를 차며 친구를 위로했다.
"아이고, 한동안은 자네와 골프내기를 하지 못하겠구먼."
그러자 존이 갑자기 얼굴을 펴며 말했다.
"무슨 소리야? 내일 당장 가자구. 혼자 밥 차려 먹을 생각하면 마누라가 좀 그리울 것도 같지만 뭐, 자네한테 돈 따서 사 먹으면 돼. 안 그래?"

테니스보다는 더

골프 마니아에게 부인이 한 가지 질문을 했다.
"당신은 골프와 저 둘 중에 어느 쪽을 더 사랑하세요?"
남편은 아주 당연한 듯이 말했다.
"그야 물론 골프를 더 좋아하지."
"네?"
남편은 생색을 내는 듯 아내의 어깨에 손을 얹으며 말했다.
"그래도 테니스보다는 당신을 더 사랑해!"

 진짜 공처가

어느 장수가 깃발을 하나 꽂고는 자기 부하들에게 명령을 내렸다.

"자기 아내가 무섭지 않은 사람만 깃발 아래 모이고 아내가 무서운 사람은 다른 곳에 가라!"

그랬더니 오직 한 사람만이 깃발 아래에 가는 것이었다.

오직 하나뿐인 진짜 사나이에게 장수가 하도 신통방통해서 물었다.

"야, 졸병! 너는 참으로 용감하구나. 어떻게 너는 아내를 무서워하지 않느냐?"

그랬더니 이 졸병이 하는 말,

"예! 장수님! 우리 아내가 사람이 많이 모이는 곳에는 가지 말라고 했습니다!"

 기분 좋은 이유

어느 골프광이 골프를 친 뒤 오랜만에 웃으며 집에 들어오는 것을 보고 부인이 말했다.
"당신, 오늘 기분이 좋은 것을 보니 공이 잘 맞은 모양이죠?"
"아니오, 오늘은 잃어버린 공보다 더 많은 공을 주웠다오."

 우정의 차이

여자들의 우정 ;
여자가 외박을 했다.
그녀는 남편한테, 친구 집에서 잤다고 말했다.
남편은 그녀의 친구 10명에게 전화를 걸었다.
그러나 그녀의 외박에 대해 아는 친구는 아무도 없었다.

남자들의 우정 ;
남자가 외박을 했다.
그는 아내에게, 친구 집에서 잤다고 말했다.
아내는 남편의 친구 10명에게 전화를 걸었다.
8명은 같이 잤다고 확인해 줬고, 두 명은 아직도 그 곳에 있다고 대답했다.

 # 명의(名醫)

두 친구가 골프를 치다 한 친구가 걱정스러운 표정으로 말했다.

"건강 진단을 받았는데, 글쎄 의사가 골프를 당장 그만 두라는 거야!"

다른 친구가 신기하다는 듯이 대꾸했다.

"아니, 자네 골프 실력이 형편없다는 것을 그 의사가 어떻게 알았지?"

 그 때 잘 골랐어야지

한 유명한 피아니스트가 연주회를 끝내고 박수갈채를 받으며 무대 뒤로 퇴장했다.

무대 뒤 복도를 나서려는데 웬 젊은 여자가 양팔에 아이 둘을 안고 서 있었다.

그녀 곁을 지나려는데 그 여인이 피아니스트를 불렀다.

그는 멈춰 서서 여자의 얼굴을 보았으나 전혀 낯선 얼굴이었다.

"저를 기억하고 계시겠지요? 1년 반 전, 당신은 저와 정열적인 하룻밤을 보냈었죠. 그 뒤에 이 쌍둥이 아이가 태어났어요."

그러나 그는 만찬회에 가려고 하던 참이어서 시간이 없었다.

"그것 참 축하하오. 잘 기르시오."

이렇게 말하고는 재빨리 그 곳을 떠나려고 했다. 그러나 여자가 뒤쫓아오며 말했다.

"부모를 잃고 형제들까지 뿔뿔이 헤어져 생계가 막연합니다. 이 애들을 키울 능력이 없어요. 부탁입니다. 양육비를 좀 주세요."

그는 그 여자가 전혀 기억나지 않았지만 혹시 자기가 저지른 일인지도 모른다는 생각에 웃옷 주머니에서 다음 연주회의 표를 몇 장 꺼내 그 여자에게 주었다.

여자는 그것을 받아들더니 울며 소리쳤다.

"내가 지금 바라고 있는 것은 여기 아이들한테 먹일 것이란 말이에요! 음악회의 표 따위를 받아

서 무슨 도움이 되겠어요? 내가 말하는 것은 빵이란 말이에요!"
그러자 피아니스트는 대답했다.
"그렇다면… 1년 반 전에 빵집 주인하고 잘 것이지…."

해고 이유

 골프장에서 함께 일했던 두 캐디가 길거리에서 우연히 만났다.
 "너 아직도 그 골프장에서 캐디로 일하고 있니?"
 "아니 벌써 해고당했어"
 "왜?"
 "손님 몰래 조용히 웃는 법을 도저히 배울 수 없어서…."

 **못 말려**

싱글 골퍼가 어느 날 스코어가 형편없자 클럽하우스에서 인상을 쓰며, 다시는 골프를 치지 않겠다고 모든 사람들에게 큰소리를 쳤다.

그 때 친구 하나가 클럽하우스에 들어오면서 싱글 골퍼에게 물었다.

"내일 같이 라운딩하지 않을래?"

그러자 싱글 골퍼는 얼굴을 활짝 펴고 웃으며 말했다.

"몇 시? 어디지?"

골프 치는 방법

네 명의 남자가 일요일에 골프를 치면서 대화를 나누고 있었다.

첫 번째 남자가 말했다.

"세상에…, 오늘 골프치러 나오기 위해서 어쨌는 줄 알아? 다음 주에 우리 집을 몽땅 페인트칠 하기로 약속했다구."

"휴…, 난 주방을 새로 지어야 돼."

"자네들은 별거 아니구먼. 난 다음 주에 마당에다가 수영장을 만들어야 된단 말이야."

그리고 남자들은 다음 홀로 넘어갔는데, 네 번째 남자는 아무 말도 안 했다.

세 남자는 궁금해져서 물었다.

"이봐, 자네는 왜 아무 말도 안 하나? 뭘 약속하

고 오늘 나왔어?"

그러나 네 번째 남자가 말했다.

"약속은 무슨 약속! 난 새벽 5시에 알람을 맞춰 놔. 그리고 알람이 울리면 끈 다음 자고 있는 우리 마누라 옆구리를 계속 쿡쿡 찌르면서 말하지. '골프하러 갈까, 한번 할까?' 그러면 마누라는 언제나 이렇게 말하지. '가서 옷이나 입어!'"

신부와 강도

　신부와 강도가 어느 한적한 골프장에서 내기 골프를 치고 있었다.
　신부가 버디를 했는데도 강도는 칼을 들이대고 보기라고 생떼를 쓰는 게 아닌가.
　화를 참다못한 신부는 기도를 했다.
　"하느님, 저 날강도에게 벌을 내려 주시옵소서."
　그러자 마른 하늘에서 갑자기 천둥번개가 치더니, 강도에게 떨어져야 할 벼락이 그만 신부에게 떨어졌다.
　너무 억울한 신부는 죽으면서 하나님을 원망하며 항의를 했다.
　"어째서 벼락을 강도에게 내리지 않고 저에게 내리시옵니까?"

그러자 하나님이 미안한 듯 머리를 긁으면서 이렇게 대답했다.

"글쎄, 미안하네. 슬라이스가 나서 그만…"

평생 빈 스윙만

어느 골프광이 교통 사고로 즉사하여 지옥으로 갔다.

그런데 지옥을 관장하는 수문장이 아무리 뒤져 봐도 이승에서 죄를 지은 것이 없었다.

그래서 수문장은 골프광에게 천국으로 갈 자격이 있으니 생각해 보라고 했다.

그런데 마침 그 옆에서 이를 지켜보던 사탄이 그를 유혹했다.

"이왕 이 곳에까지 왔으니 지옥 구경이라도 하고 가시오."

그리고 그를 골프장으로 안내했다.

지옥의 골프장은 환상적이었다. 사탄은 이렇게 말했다.

"만약 당신이 여기 있겠다고 한다면 언제든지 이 곳에서 골프를 즐길 수 있소."

생각해 보니 그 얼마나 좋은가!

그래서 그는 마음을 바꿔 먹고 수문장에게 달려가서 이 곳에 있겠다고 말하고 승낙을 받았다.

그런 뒤 곧바로 골프장으로 향했다. 첫 티샷을 시작하려고 드라이버를 꺼내들고는 사탄에게 공을 달라고 했다.

그러자 사탄이 이렇게 말했다.

"미안하지만 지옥의 골프장에는 공이 없다. 그러니 빈 스윙만 평생 하거라."

나체 수영 금지

최불암과 이덕화가 어느 더운 날 길을 가고 있었다. 그런데, 마침 사람이 아무도 없는 수영장이 있는 것이 아닌가!

이 수영장에는 '나체 수영 금지!' 라는 팻말이 붙어 있었다.

이덕화가 말했다.

"형님, 마침 잘 됐군요, 이 곳에서 수영이나 하고 갑시다."

최불암이 말했다.

"수영복이 없는데…."

그러자 이덕화가,

"형니임~ 너무 더워 못 참겠어요. 그냥 벗고 합시다!"

"좋아~!"

두 사람은 옷을 벗자마자 '풍덩~!' 풀 장으로 뛰어들었다.

한참 수영을 하고 있는데, 갑자기 관리인이 나타나서는 이덕화를 부르면서,

"이덕화, 너 나와! 빨리 나와!"

하면서 최불암은 가만 놔두고 이덕화에게만 손가락질을 하면서 마구 화를 내는 것이었다.

그러자 이덕화가,

"아니, 최불암은 놔두고 왜 나만 혼내십니까?"

그러자 관리인이 하는 말,

"임마, 최불암은 평영을 하는데 너는 배영을 하고 있잖아~!"

 # 빵빵~!

어떤 남자가 있었다. 그 남자는 거시기가 작아서 평생 동안 한 번도 부인을 만족시켜 주지 못했다.

그 때문에 늘 부인에게 미안한 마음을 가지고 살았다. 당연히 기를 펴지 못하고 살았다.

그러던 어느 날, 백일 기도를 하면 소원이 이루어진다는 말을 듣고 산에 가서 백일 기도를 했다.

백일 기도가 끝나는 마지막 날 밤에 꿈에 하얀 수염이 난 신령님이 '퐁~!' 하고 나타났다.

"너의 소원이 무엇이냐?"

"저는 마누라를 만족시켜 주고 싶습니다. 단 한 번만이라도 좋으니 저의 거시기가 크게 되는 것이 소원입니다!"

"좋다, 그럼 3번의 기회를 주겠다. '빵~' 하면

거시기가 커지고 '빵빵~' 하면 작아지느니라, 명심하여라."

꿈에서 깨어난 남자는 믿을 수가 없어서 실험을 해 보기로 했다.

"빵~."

그러자 갑자기 거시기가 주먹만해지는 것이 아닌가?

"아~ 신령님~ 감사~합니다!"

너무나 기분이 좋아진 남자는 '빵빵~' 하여 원래대로 만든 다음 서둘러 자가용을 타고 집으로 달렸다.

집으로 오는 도중에 차가 밀려서 기다리고 있는데, 뒤따라오는 차가 갑자기 '빵~!' 하고 클랙슨을

누르는 것이 아닌가!

이런, 이런! 갑자기 자신의 거시기가 부풀어오르는 것이었다!

남자는 그대로 집으로 가려고 했으나 거시기가 운전대에 걸려서 운전을 할 수가 없었다. 할 수 없이 아깝지만 또 한 번 기회가 있으니까 '빵빵~!' 하였다.

이제는 귀를 꽉 막고 간신히 집에 도착한 남자는 자신에 넘쳐서, 대문을 확 열고 안방을 걷어차면서 부인에게 소리쳤다.

"여보, 이불 펴! 지금까지 나 무시했지?"

부인은 갑자기 태도가 변한 남편을 보고는,

"이 병신이 미쳤나~ 꼴값하네!"

그러자 남편이,
"빵~! 자, 이것 봐!"
부인은 남편의 거대한 거시기를 보자 너무 좋아서,
"어머~! 자기~ 너무 빵빵~하다~!"

남자는 백일 기도 하러 다시 산으로 들어갔다고 한다.

천국에서의 골프 약속

여러 해 동안 골프를 함께 즐겨 온 두 노인이 있었다.

한 노인이 물었다.

"이봐, 천국에서도 골프를 할 수 있을까?"

다른 노인이 대답했다.

"그렇다면 말이야, 누가 먼저 죽든간에 우리 둘 중에 먼저 간 사람이 곧바로 사실 여부를 알려 주기로 하세."

두 노인은 서로 철석같이 약속했다.

몇 주 후에 그 중 한 노인이 그만 죽었다.

문상을 온 다른 노인은 먼저 간 노인의 목소리를 들을 수 있었다.

"이봐, 나야, 나. 자네에게 천국에 대해 말해 주

려고 다시 돌아왔어."
"그래? 그 곳에 골프장이 있던가?"
노인은 가장 궁금한 것부터 물어 보았다.
"그럼, 그런데 좋은 소식과 나쁜 소식이 둘 다 있네. 우선 좋은 소식은 천국에서도 골프를 얼마든지 할 수 있다는 거야. 페어웨이는 넓고 평평하며, 모든 그린은 크고 부드러워 누구나 쉽게 파를 잡을 수 있지. 그런데 말이야, 나쁜 소식은… 자네가 다음 주 토요일에 티업이 잡혀 있다는 걸세."

골퍼의 단수

1단 - 18홀 내내 헤드업 하지 않는 골퍼.
2단 - 18홀 내내 말 한 마디 하지 않는 골퍼.
3단 - 18홀 내내 내기에 가담하지 않는 골퍼.
4단 - 18홀 돈 다 따서 몽땅 챙기는 골퍼.
5단 - 천둥, 번개 치는데 계속 라운딩하는 골퍼.
6단 - 벼락 맞고도 살아남는 골퍼.
7단 - 골프 회원권도 없으면서 3개월 부킹 밀려 있는 골퍼.

 # 사기 골퍼의 비애

한 사기 골프꾼이 먹이를 찾으려고 어슬렁거리다 캐디 대신 개를 끌고 골프를 하는 한 시각 장애인을 발견했다. 바로 이것이라고 생각한 사기꾼.
"멋진 샷을 가지고 계시군요. 혼자서 밋밋하게 이러지 마시고 저랑 가볍게 내기 골프 한번 하시지요!"
그러자 시각 장애인도 흔쾌히 승낙했다.
"내일이 어떨까요?"
그러자 그 시각 장애인이 고개를 끄덕이며 대답했다.
"시간은 제가 정해도 되죠?"
사기꾼이 그러라고 하자 시각 장애인이 말했다.
"내일 자정에 합시다."

캐디의 욕설

 모처럼 발리로 여행을 간 골프광이 아름다운 골프장을 그냥 지나칠 리 없었다. 그러나 아침 일찍 라운딩을 시작한 그의 골프는 전날 밤의 과음 탓인지 근래에 보기 드문 형편없는 스코어를 기록하는 최악의 상황이었다.
 "이런 염병할…. 왜 이렇게 샷이 엉망인 거야? X팔…."
 무거운 골프백을 메고 숲속과 물가를 오가는 그의 캐디인 발리 청년도 무어라고 웅얼거리며 방향조차 예측하기 어려운 공을 쫓아다니고 있었다.
 "정말 더러워 못해 먹겠네. X팔. 에이 참. 염병…, 제기랄…."
 마지막 18번 홀에서 4퍼팅을 기록하며 온갖 욕

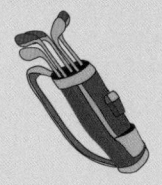

설을 다 내뱉은 후, 그는 비로소 캐디에게 미안한 생각이 들었다. 겸연쩍은 미소를 지으며 그는 캐디에게 물었다.

"정말 미안하네. 하도 골프가 안 돼서 그만…. 그런데 발리어로는 X팔, 염병, 이런 욕들을 어떻게 하지?"

웅얼거리던 캐디가 잽싸게 대답했다.

"제가 첫 홀부터 계속 웅얼거리던 소리 못 들으셨어요?"

한심한 친구들

어느 골프장의 헤드프로가 코스를 순찰하던 중 9번 홀의 그린이 소란스러운 것을 보고 다가갔다.

네 명의 골퍼가 모두 온그린 시킨 뒤 제각기 볼을 주워들며 마크를 했다.

그 때 한 골퍼가 퍼팅을 한 뒤 쓰러지자 나머지 세 명이 갑자기 격렬하게 싸움을 시작하는 것 아닌가? 헤드프로는 궁금증을 참지 못하고 쫓아가 물었다.

"아니, 왜들 그렇게 싸우시는지요?"

"마침 잘 오셨소. 우리는 두 명씩 편을 나눠 시합을 하고 있었죠. 그런데 심장이 약한 제 파트너가 여기서 퍼팅을 하다 갑자기 쓰러져 죽어 버렸어요."

한 골퍼가 씩씩대면서 설명했다.
"오, 저런! 그럼 싸우실 것이 아니라 빨리 쓰러진 분을 병원으로 옮기셔야죠."
"그런데 이 나쁜 자식들이 글쎄, 퍼팅을 하다 쓰러진 것은 두 벌타를 매겨야 한다고 계속 우기지 뭡니까? 한 점이라면 또 몰라도…"

이미 충분해

일요일 아침, 목사님이 병을 핑계대고 교회 대신 골프장에 갔다.

이를 본 천사가 하나님한테 일렀다.

목사가 티샷을 하자 제대로 맞은 공이 350m나 날아가 그린 위에 떨어진 뒤 홀 안으로 굴러들어갔다. 하나님이 그렇게 만든 것이었다.

홀인원이었던 것이다.

그 모습을 본 천사가 따졌다.

"하나님, 벌을 주셔야죠."

하나님 왈,

"저걸 자랑할 수 없는 그의 뼈아픈 마음을 생각해 보아라."

금슬 좋은 사오정 부부

결혼한 지 20년 된 사오정 부부!

부부 금슬이 남달리 좋은 부부는 날마다 깨가 쏟아졌다.

어느 날 평상시보다 일찍 집에 온 사오정은 다짜고짜 아내의 손을 잡아끌고 방 안으로 들어가 이부자리를 폈다.

아내는 화들짝 놀라면서,

"아이, 벌써부터 이러면 어떡해? 부끄럽잖아."

하면서 남편의 얼굴을 행복한 듯 쳐다보았다.

아내를 이불 속으로 끌고 들어간 사오정이 이불을 뒤집어쓰고서는 점잖게 하는 말,

"이것 봐, 마누라! 나 야광 시계 샀다!"

 # 골프 주기도문

  티샷은 70%의 힘만 사용하게 하는 지혜를 주시옵고 아이언은 간결하게 채를 떨어뜨릴 수 있게 힘을 뺄 수 있는 용기를 주소서.

  OB나 쪼로에도 위축되지 않으며 대자연 속에서 본전이나 건질 수 있음을 영광으로 여기는 골퍼가 되게 해 주시고, 내 샷은 요행의 길로 상대의 샷은 개골창이나 연못으로 인도하여 주옵소서.

  러프와 디벗 자국에서는 거리는 안 나도 똑바로 나가는 볼이 되게 해 주시고, 최악의 스코어에서도 동반자의 실수로 이기는 골퍼가 되게 해 주소서.

  상대의 배드샷을 꿈꾸게 하고, OB로 몸부림치는 상대를 달랠 수 있는 기회를 주소서.

  자기 거리를 모르면서 나무나 물 건너 그린을 보

고 볼을 치려는 상대방이 유혹에서 절대 벗어나지 말게 해 주시고, 비기너에게 함부로 레슨하는 우를 범하지 않기를 바라오며, 이런 마음 이런 기도를 상대방에게 드러내지 않고 할 수 있게끔 내숭과 겸손함을 함께 주시옵소서. 버디~!

남편의 정체

　남편 톰의 말인즉 자기는 직장에서 열심히 일하며 거의 저녁마다 볼링을 한단다.
　남편이 무리하게 자신을 혹사한다고 생각한 아내는 그의 생일을 축하하기 위해 그를 스트립쇼 클럽으로 데리고 갔다.
　자리에 앉자 웨이트리스가 오더니 남편에게 묻는 것이었다.
　"늘 마시는 버드와이저로 할 거예요?"
　그 소리를 들은 아내는 발끈했다.
　"당신이 마시는 술까지 아는 걸 보니 노상 이 곳을 찾는 거로군요."
　화가 난 아내는 자리를 박차고 나갔다.
　뒤쫓아 나가 보니 아내는 택시를 타고 있었다.

　얼른 가서 옆자리에 올라타자 아내는 고래고래 소리를 질렀다.
　그러자 운전 기사가 뒤돌아보면서 한마디 했다.
　"이봐요, 톰, 오늘 밤엔 진짜 독한 년한테 걸려들었군요."

누구 때문?

남편이 늘 골프를 함께 치던 친한 친구를 멀리하는 것을 본 아내가 남편에게 권했다.

"여보, 친구는 역시 옛날 친구가 최고래요. 골프도 친한 친구와 같이 치는 것이 좋을 텐데…. 당신 요즘에는 왜 그분하고 골프장에 함께 가지 않아요?"

남편이 벌컥 화를 내며 대답했다.

"모르는 소리 말아요. 당신 같으면 처음 보는 멤버들에게도 상스러운 음담패설을 하고, 골프 룰을 어기면서도 자기가 옳다고 우겨대고, 어디 그뿐이야? 걸핏하면 스코어를 속이지, 상대편이 퍼팅을 할 때마다 이상한 짓을 해서 방해하는데, 당신 같으면 같이 골프를 치고 싶겠소?"

"물론 같이 치고 싶지 않겠네요."
아내가 한 마디 덧붙였다.
"내가 당신 친구라면, 절대로 당신하고는 함께 골프를 치지 않겠어요."

자식 자랑

　노인 골퍼 네 사람이 필드에서 자식 자랑에만 여념이 없었다.
　"우리 아들 녀석은 말이오, 건축 공부를 열심히 했었지요. 능력도 뛰어나서 이름난 건물들을 많이 짓고 돈도 많이 벌었다오."
　첫 번째의 노인이 대견하다는 듯 덧붙였다.
　"돈만 많이 번 것이 아니라, 인간성도 아주 훌륭해서 최근에는 친한 친구에게 새 집을 한 채 선물했답니다."
　"와, 대단하오. 그래도 돈을 많이 벌기로는 우리 아들을 따라올 수가 없을 것이오."
　두 번째의 노인 역시 질 수 없다는 표정으로 목소리를 높였다.

"그놈은 정말이지 천재적인 세일즈맨이오. 자동차를 얼마나 많이 팔았는지, 남들이 우리 아들을 판매왕이라고 부른대요. 집 몇 채 짓는 것보다는 훨씬 돈을 많이 벌었다오. 게다가 인심도 후해서 자기 친구에게 비싼 스포츠카를 두 대나 사 줬다지 뭐요?"

"그것뿐이오? 내 아들에 비하면 그것도 별것 아니로구먼."

세 번째의 노인은 아예 골프백을 내려놓으며 두 노인을 가소롭게 쳐다보았다.

"우리 애는 머리가 아주 좋은 주식 중개인이지요. 주식 중개를 잘 해서 엄청나게 돈을 모으기도 했지만, 흠이라면 세금을 너무 정직하게 내는

바람에 고액 납세자 명단에서 빠질 때가 없다는 거요."
노인은 어깨를 으쓱대며 자랑스러워했다.
"그뿐이겠소? 얼마 전에는 친구에게 주식을 10만 주씩이나 선물해서 화제가 되었다오."
"얼마나 자랑스러우시겠어요?"
그런데, 세 노인의 아들 자랑을 심드렁하게 듣고 있던 네 번째 노인은 땅이 꺼져라 하고 한숨만 쉬었다.
"제 자식은 어려서부터 말썽만 피우더니 얼마 전에는 동성연애자가 되었다는 소문만 들립디다. 창피해서 말도 꺼내지 못할 지경이랍니다."
네 번째 노인을 진심으로 동정한 다른 노인들 중

한 사람이 걱정스럽게 물었다.
"그럼 생활은 몹시 어렵겠구먼?"
"그렇진 않은 모양이더군요. 친구들 유혹하는 재주가 뛰어나서인지, 최근에 새 집 한 채와 스포츠 카 두 대를 친구들이 주더래요. 주식도 10만 주씩이나 선물한 친구도 있다나요?"

돌려 주지 마세요

얼굴에 심술이 가득 찬 남자가 고속도로에서 차를 난폭하게 몰고 있었다.

남자가 시속 100킬로에서 막 120킬로로 접어드는 순간, 아니나다를까 순찰차가 사이렌을 울리며 따라오는 것이었다.

순찰차를 따돌릴 수 있으리라 생각한 사나이는 시속 140킬로를 밟아도 계속 따라오자 결국 차를 멈추고 말았다.

경찰관이 다가와서 물었다.

"당신, 정지 신호를 무시하고 도망간 이유가 도대체 뭐요?"

그러자 사나이가 긴 한숨을 쉬며 말했다.

"제 마누라가 경찰하고 눈이 맞아서 도망을 갔습

니다."
"그게 당신이 검문에 불응하고 도망친 것과 무슨 관계가 있소?"
그러자 사나이가 자신 있게 대답했다.
"죄송합니다, 전 그 경찰관이 제 마누라를 돌려 주려고 따라오는 줄 알았습니다."

어쩌구리~!

 골프를 지독하게 못치는 김영삼 대통령이 외국 대사와 어쩔 수 없이 접대 골프를 치게 되었다.
 먼저 드라이버를 들고 티샷을 하기 위해 공을 티에 올려놓고 김영삼 대통령은 멋진 폼으로 온힘을 다해서 스윙을 했다.
 하지만 잘못 맞아서 공이 그만 '쪼르르~' 쪼로가 나고 말았다.
 옆에 서 있던 캐디는 민망했지만 대통령인지라 어쩔 수 없이,
 "나이스 샷~!"
하고 소리쳤다.
 또 한 번 시도한 드라이브 샷. 하지만 이번에도 쪼로가 나 버렸다. 이번에도 캐디는 대통령인지라

어쩔 수 없이,
"나이스 샷~!"
하고 소리쳤다.

오기가 난 김영삼 대통령은 세 번째 샷을 다시 날렸다.

그런데 이번에는 아주 잘 맞아서 똑바로 멀리 허공을 가르며 날아가는 것이 아닌가!

그러자 옆에 있던 캐디는 자신도 모르게,
"어쩌구리~!"

네 명의 캐디

캐디 네 명이 하루는 모여서 자신이 좋아하는 골퍼들에 대해서 이야기하고 있었다.

첫 번째 캐디가 말했다.

"난 드라이버를 잘 치는 남자가 좋더라. 뭐니뭐니해도 힘센 남자가 최고잖아~!"

그러자 두 번째 캐디는,

"난 어프로치 잘 하는 남자가 좋아. 남자는 테크닉이 좋아야 해~!"

그러자 세 번째 캐디는,

"난 버디를 잘 하는 남자가 좋아~. 뭐니뭐니해도 결국에는 구멍에 넣잖아~!"

그런데, 네 번째 캐디는 얼굴이 발개 가지고 아무 말도 안 하고 있는 것이었다. 궁금해진 세 명의

캐디는,
 "왜 너는 아무 말 안 하니? 빨리 말해 봐!"
 머뭇거리던 네 번째 캐디는,
 "난 OB 하는 남자가 좋아. 한 번 더 해 주잖아."

노인의 조언

한 남자가 잠시 시간이 남아 혼자서 골프장을 찾았다.

막 티오프를 하려고 하는데 한 노인이 남자를 불렀다.

"나도 혼자 왔는데 우리 같이 내기 게임 한판 하겠소?"

남자는 거절하기도 뭐하고 해서 승락을 했다.

서로 비슷한 점수로 마지막 라운드까지 가던 중 남자가 어려운 상황에 놓이게 되었다.

그린 쪽을 향해서 10미터도 넘는 커다란 나무가 앞을 가리고 있었던 것이다.

남자가 몇 분 동안 생각하며 고민하고 있자 노인이 말했다.

"내가 젊었을 때 비슷한 상황에 놓인 적이 있었소. 그 때 나는 공 아래를 쳐서 나무 위로 넘겨서 쳤다오."

남자는 나무 위로 공을 넘길 결심을 하고 힘을 다해 공 아래를 쳤다.

하지만 공은 나무 위를 맞고 다시 있던 자리 근처에 떨어지고 말았다.

'에이, 참!'

남자가 이마를 찌푸리며 화를 내자 노인이 다시 말했다.

"물론 내가 젊었을 때는 저 나무의 키가 1미터 정도밖에 안 됐었지. 그 말을 덧붙여 줬어야 했는데…!"

어두워서…

낚시를 좋아하는 낚시광인 두 남녀가 서로 사랑을 하게 됐다.

어느 날 밤낚시를 간 두 사람은 텐트 안에서 불을 끄고 함께 잠자리에 들었다.

그런데, 한참 지나도록 남자한테서 아무런 반응이 없자 여자가 먼저 입을 열었다.

"어째 입질도 하지 않아요?"

그러자 남자가 말했다.

"어두워서 미끼가 보여야지!"

 해고 이유

가정부 아가씨가 해고를 당하자 주인 아줌마에게 따지고 들었다.
"흥, 내가 아줌마보다 예쁘니까 내보내는 거죠?"
"누가 그런 소리를 해?"
화가 난 주인 아줌마가 다그쳤다.
"주인 아저씨가요. 그리고요, 잠자리에서도 내가 아줌마보다 낫대요."
"뭐야? 주인 아저씨가 그런 말도 했단 말이야?"
"아뇨, 기사 아저씨가요."

골프장에서 하는 유머

엮은이 | 김이리
펴낸이 | 이홍식
펴낸곳 | 도서출판 지식서관
주소 | 경기도 고양시 덕양구 고양동 31-38
대표전화 | 031)969-9311
팩시밀리 | 031)969-9313
등록 | 1990. 11. 21 제96호

E-mail : jisiksa@hanmail.net

초판 1쇄 발행일/2010년 7월 20일
초판 3쇄 발행일/2022년 4월 20일